# GRAMMAIRE
## POUR LIRE ET ÉCRIRE
## CE2

**Roberte TOMASSONE**
Maître de Conférences
IUFM de Versailles
Université de Paris X - Nanterre

**Claudine LEU-SIMON**
Institutrice

Illustrations de
**Jöelle BOUCHER**

Delagrave

Chez le même éditeur

R. TOMASSONE,
*Pour enseigner la grammaire.*

C. LEU et R. TOMASSONE,
*Grammaire pour lire et écrire, Cours moyen.*

J.-B. ALLARDI, M. ARNAUD, J. BIDAULT, D. STISSI,
*Grammaire pour lire et écrire 6ᵉ.*
*Grammaire pour lire et écrire 5ᵉ.*
*Grammaire pour lire et écrire 4ᵉ.*

Conception graphique, réalisation technique : SLAN.
Couverture : SLAN (illustration de Jöelle Boucher).

© DELAGRAVE Édition Paris 1998
15 rue Soufflot 75254 Paris cedex 05

ISBN : 2-206-00883-1
D.L.TO: 181-1998

# BIENVENUE
## DANS TON LIVRE DE GRAMMAIRE

Tu n'as pas encore fait beaucoup de grammaire depuis que tu es à l'école. Un peu au CE1 et c'est tout. Pourtant, tu sais déjà énormément de choses parce que, depuis que tu parles, tu fais de la grammaire.

Écoute parler un enfant de trois ou quatre ans. Bien sûr, il parle moins bien que toi. Pourtant, il ne dit pas n'importe quoi.

Il ne dit pas « tu » lorsqu'il parle de lui. S'il a faim, il dira « je veux un gâteau ». Lorsqu'il dit cela, il a déjà appris comment fonctionne notre langue.

Il fait de la grammaire.

Maintenant, au CE2, grâce à ton livre, tu vas peu à peu organiser tes connaissances pour mieux les utiliser. Et tu vas apprendre des choses nouvelles.

Cela te permettra de mieux comprendre ce que tu lis. Cela t'aidera aussi à écrire plus facilement toutes sortes de textes.

## COMMENT UTILISER CE MANUEL ?

Tu trouveras de la page 4 à la page 7 un sommaire. Il t'aidera à mieux te repérer dans ton manuel.

Le découpage est fait par trimestre.

Chaque trimestre est à son tour partagé en parties : le texte, la phrase, le verbe et la conjugaison, le groupe nominal.

Enfin, chaque partie comprend un ou plusieurs chapitres.

## COMMENT SONT ORGANISÉS
## LES CHAPITRES ?

Chaque chapitre est formé de paragraphes dans lesquels tu trouveras presque toujours les mêmes rubriques.

*Cherche* : souvent, tu commenceras par lire un texte suivi de questions qui t'aideront à découvrir une notion grammaticale.

*Faisons le point* est un court résumé de ce que tu auras découvert.

*As-tu bien compris ?* te permet de vérifier ta compréhension.

*Tu peux t'exercer* te propose une série d'exercices.

ET MAINTENANT, ÉCRIS te permet d'écrire des textes (souvent courts) en utilisant ce que tu auras découvert.

# SOMMAIRE

## TRIMESTRE 1

### LE TEXTE

### LE VERBE ET LA CONJUGAISON

# LA PHRASE

# TRIMESTRE 2

## LE TEXTE

## LA PHRASE

## LE GROUPE NOMINAL ET SES CONSTITUANTS

## LE VERBE ET LA CONJUGAISON

# TRIMESTRE 3

## LE TEXTE

## LA PHRASE

## LE GROUPE NOMINAL ET SES CONSTITUANTS

## LE VERBE ET LA CONJUGAISON

# Tous les écrits ne se ressemblent pas

● **Observe chacun de ces écrits.**

Ci-dessus, les peuples barbares pendant les dernières années de l'Empire romain.

**1** B. le FEVER / S. OWARTH / J. BERTRAND, *Entrez dans ... le Moyen Âge*, éditions Gründ.

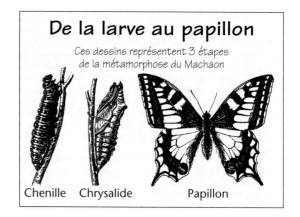

## De la larve au papillon

Ces dessins représentent 3 étapes de la métamorphose du Machaon

Chenille    Chrysalide      Papillon

**2**

D'après J.-H. FABRE, *Les Ravageurs*, Delagrave.

## LES MOULINS À EAU

1. Roue à palettes
2. Meunier
3. Charpente
4. Trémie (corbeille à grain)
5. Coffrage en bois
6. Meules
7. Roue dentée
8. Bac à farine
9. Toit de chaume

**3**

B. le FEVER / S. OWARTH / J. BERTRAND, *Entrez dans ... le Moyen Âge*, éditions Gründ.

LAUDEC - CAUVIN, *Cédric*, éditions Dupuis.

**4**

DEUX SUR DIX EN GÉOGRAPHIE, QUATRE SUR DIX EN FRANÇAIS, CINQ EN DICTÉE... TU N'AS PAS HONTE, DIS ?

HEIN !

MAIS ENFIN, CÉDRIC, QU'EST-CE QUI T'ARRIVE ? TU TRAVAILLAIS MIEUX AVANT...

À TABLE !

IL FAUDRA QUE ÇA CHANGE, FISTON ! JE NE SUPPORTERAI PAS D'AVOIR UN IGNARE DANS LA FAMILLE !

**5**

| Numéro des trains | 5924 | 56000 | 51864 | 5944 | 52866 | 56002 | 56004 | 51872 | 52874 |
|---|---|---|---|---|---|---|---|---|---|
| *Renvois | | Q | sf SDF | SDF | sf DF | sf SDF | SDF | SDF | sf SDF |
| Particularités | (16) | | | | | (3) | (9) | | (3) |
| Nevers | 3.28 | | | | | | | | |
| Montargis | 4.37 | | 5.10 | 5.22 | | | | 6.00 | |
| Ferrières | | | | | | | | 6.07 | |
| Dordives | | | | | | | | 6.13 | |
| Souppes | | | 5.23 | | | | | 6.17 | |
| Bagneaux | | | | | | | | 6.22 | |
| Nemours-St-Pierre | | | 5.32 | 5.41 | | | | 6.27 | |
| Bourron-Marlotte | | | | | | | | 6.33 | |
| Montigny | | | 5.39 | | | | | 6.36 | |
| Moret-Veneux A | 5.06 | | 5.47 | 5.54 | | | | 6.43 | |
| (numéro des trains) renvois | | | | | | | | | |
| Laroche-Migennes | | | | | | 5.25 | 5.30 | | |
| Sens | | | 4.42 | | | 5.58 | 6.03 | | |
| Pont s/Yonne | | | 4.50 | | | 6.06 | 6.11 | | |

**6**

SAMIVEL, *Goupil*, Delagrave.

# Goupil

Madame la fourmi, dites où vous trottez, trottez vite, et ce qui vous presse tant ?
**Les fourmis** - Pas l'temps ! Pas l'temps !
– L'air est doux, la forêt chante ; le moineau vit de ses rentes, pourquoi n'en pas faire autant ?
**Les fourmis** - Pas l'temps ! Pas l'temps !

**7**

Jean COCTEAU, *Poèmes 1916-1955*, © éditions Gallimard.

### Iles

A Palma de Majorque
Tout le monde est heureux.
On mange dans la rue
Des sorbets au citron.

Des fiacres, plus jolis
Que des violoncelles,
Vous attendent au port
Pour vous mettre à l'hôtel. [...]

**8**

```
S   B       C
T H E R M O M E T R E
R   A       T
A   U   B E V U E
P   O
O   N       B
N   O       O
T O I T     I G L O O
I   E       T
N O U R R I C E
```

**9**

*Argences, le 18 juillet 1997*

Cher Gabriel,

J'espère que tu t'ennuies moins que moi dans ta colo.

Ici, il pleut tous les jours. On ne peut pas aller à la mer.

Heureusement le jardin est plein de fraises et de framboises et mes cousins arrivent demain. Nous pourrons aller faire du vélo dans les petits chemins.

A bientôt, ton copain,

*Julien*

## Cherche

- **Peux-tu donner un nom à chaque écrit ?**
  Par exemple, le quatrième est une « BD ».

- **Compare les écrits de ces deux pages :
  quelle différence vois-tu immédiatement ?**

- **Observe maintenant la page 8 :**
  - ◆ pourrais-tu comprendre aussi bien ce qui est dessiné s'il n'y avait pas de texte ?
  - ◆ pourrais-tu comprendre aussi bien ce qui est écrit s'il n'y avait pas le dessin ?

- **Observe ensuite la page 9 :**
  - ◆ souviens-toi des noms que tu as donnés à ces textes : pourquoi les as-tu choisis ?
  - ◆ essaie de trouver ce qui rend chaque texte différent des autres.

- **A ton avis, pourquoi tous les écrits ne se ressemblent-ils pas ?**

## Faisons le point

Certains écrits doivent contenir des dessins et du texte pour être compris.

D'autres écrits ne contiennent pas de dessin.

On distingue ces écrits par leur disposition, la taille de leurs lettres, la différence des caractères utilisés, la place et la dimension des blancs, etc.

# Tu peux t'exercer

**1** Tous ces écrits sont mal présentés. Reproduis-les en les présentant comme il convient.

### TEXTE 1

Lundi 3 octobre 1997. Mathématiques. Chaque jour mes trois poules pondent chacune 1 œuf. Je vais vendre mes œufs au marché tous les jeudis. Combien est-ce que j'ai d'œufs à vendre chaque semaine ? Chaque jour, je récolte 3 œufs, 3 X 7 = 21, chaque semaine je peux vendre 21 œufs.

### TEXTE 2

Le chat et l'oiseau. Un village écoute désolé Le chant d'un oiseau blessé C'est le seul oiseau du village Et c'est le seul chat du village Qui l'a à moitié dévoré Et l'oiseau cesse de chanter Le chat cesse de ronronner Et de se lécher le museau Et le village fait à l'oiseau De merveilleuses funérailles.

Jacques PRÉVERT,
*Histoires*,
© éditions Gallimard.

### TEXTE 3

Organiser un texte : remplacer
1 - Désigner un personnage Texte 1 - le Niger prend sa source sur le plan du Fouta Djalon ; il se jette dans l'océan Atlantique. De sa source à son embouchure, le fleuve parcourt 4 000 kilomètres.
Cherche. Dans ce texte, relève tous les mots ou groupes de mots qui remplacent Le Niger. Pourquoi le groupe nominal Le Niger n'est-il pas répété dans chaque phrase ?
Faisons le point. Les Mots qui sont employés dans le texte pour remplacer d'autres mots ou groupes de mots s'appellent des substituts.

C. LEU-SIMON et R. TOMASSONE,
*Grammaire pour Lire et Écrire*,
Cours moyen, Delagrave.

# 2 A chaque texte son caractère

## 1- Les textes qui expliquent

### TEXTE 1 - LA CHOUETTE HULOTTE

Elle voit la nuit ! Perchée sur une branche, elle n'a aucune peine à repérer un ver de terre malgré l'obscurité. Elle sait trouver le passereau endormi dans un lierre, le mulot qui trottine dans l'herbe. Comme tous les oiseaux de la nuit, elle a longtemps été persécutée car on l'accusait de porter malheur. Rien n'est plus faux. La hulotte est parfaitement inoffensive et, en forêt, elle joue un rôle irremplaçable, empêchant la prolifération de nombreuses bestioles. Dans notre pays, c'est avec la chevêche, fréquente au bord des villages, et l'effraie, qui niche dans les greniers et les clochers, la plus commune des chouettes. Chaque jour, elle crache par le bec les déchets alimentaires qu'elle n'a pu digérer. Ces résidus, agglomérés en boulettes grises qu'on appelle des pelotes de déjection, sont des poils, des os de petits rongeurs, des carapaces d'insectes ou des plumes d'oiseaux. On les trouve sous les arbres où elle a passé la journée. En les ouvrant, on peut voir de façon précise ce qu'elle a mangé.

D'après Michel CUISIN, *Dans les bois et les forêts*, coll. La Vie secrète des bêtes, éditions Hachette.

## Cherche

● **De quoi est-il question dans ce texte ?**

◆ Pourquoi ce texte a-t-il été écrit ?
◆ Pour qui a-t-il été écrit ?

● **Les mots de ce texte sont-ils tous des mots que tu emploies souvent ? Pourquoi ?**

● **Quel est le temps le plus souvent employé dans ce texte ?**

◆ A ton avis, pourquoi ce temps a-t-il été choisi ?
◆ Quels sont les pronoms personnels utilisés dans ce texte ? Pourquoi ?

## Faisons le point

Ce texte qui **explique** est un **texte explicatif**.

On lit un texte explicatif pour se renseigner, pour comprendre ce qui nous entoure...

Un texte explicatif est souvent écrit au présent, à la troisième personne du singulier ou du pluriel (*il, elle, ils, elles*). Il contient un vocabulaire spécialisé.

# 2- *Les textes qui racontent*

**TEXTE 2**

*I*l était une fois un pauvre paysan qui s'appelait Thomas. Un jour de fête, au balcon du palais, il vit apparaître la fille du roi. Elle était si délicate, ses yeux étaient si tendres qu'il tomba amoureux d'elle. Quand on est pauvre comme Thomas, c'est une folie d'aimer une fille de roi !

Pourtant, il ne cessait d'entendre la voix de la princesse, légère comme une plume, dans tous ses rêves.

Il espérait accomplir un exploit de guerre pour se faire remarquer de la princesse et peut-être se faire aimer d'elle. Mais il n'était pas soldat, il se battait seulement contre les ronces, contre le mauvais temps, pour son lopin de terre.

D'après Evelyne REBERG, *L'Arbre aux secrets*,
J'aime Lire n° 212, Bayard Presse Jeune.

## Cherche

● **De quoi est-il question dans ce texte ?**

◆ Pourquoi ce texte a-t-il été écrit ?
◆ Pour qui a-t-il été écrit ?

● **Les verbes sont-ils au présent, au passé ou au futur ?**

◆ A ton avis, pourquoi ce temps a-t-il été choisi ?
◆ Est-ce qu'on aurait pu choisir un autre temps ?

● **Le vocabulaire de ce texte ressemble-t-il au vocabulaire du texte 1 ?**

◆ Pourquoi ?

● **Quels pronoms personnels utilise-t-on pour parler des personnages ?**

## Faisons le point

Un texte qui raconte une histoire est un texte **narratif**.

Il est souvent écrit au passé mais parfois au présent, et à la troisième personne du singulier ou du pluriel *(il, elle, ils, elles)*.

# 3- D'autres textes

**TEXTE 3**

*Palaiseau le 10-09-97*

*Je suis un élève de la classe de madame Dobigny et nous devons, mes camarades et moi, venir à Port Manech, en classe de découverte, du 10 au 25 octobre. Voilà pourquoi j'aimerais vous poser quelques questions sur l'organisation de notre séjour.*

*Le centre est-il situé loin de la mer ? Pourrons-nous y aller à pied ou faudra-t-il utiliser un moyen de transport ?*

*J'aimerais beaucoup pouvoir pêcher des poissons et des crustacés pour les mettre dans un aquarium. Est-ce que je pourrai le faire et les rapporter chez moi à la fin du séjour ?*

*Pouvez-vous nous dire également comment sont les chambres et si nous choisirons nous-mêmes avec qui nous partagerons la nôtre.*

*Comme je suis déjà allé en colonie de vacances et que je me suis un peu ennuyé, j'aimerais bien savoir si je peux apporter mon ours en peluche.*

*Mes camarades et moi, nous attendons votre réponse avec impatience.*

*Recevez nos sincères salutations,*

*Kévin*

## Cherche

● **Pourquoi ce texte a-t-il été écrit ?**
  **Par qui et pour qui ?**

● **Ce texte est-il présenté
  comme les deux premiers textes ?**

● **A quels temps sont les verbes ?**
  ◆ Pourquoi ces temps ont-ils été choisis ?

● **Quels pronoms personnels sont utilisés ?**

### Faisons le point

Le texte 3 est une **lettre** de demande. Comme dans d'autres lettres, les verbes peuvent être à tous les temps.

Pour écrire une lettre, on utilise surtout les pronoms des première et deuxième personnes du singulier et du pluriel *(je, tu, nous, vous).*

# Tu peux t'exercer

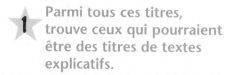

**1** Parmi tous ces titres, trouve ceux qui pourraient être des titres de textes explicatifs.

La vie des fourmis. La Belle au bois dormant. Pourquoi il y a des saisons. Au temps des hommes préhistoriques. L'arbre magique. Volcans du monde. La sorcière du placard aux balais. L'ogre et la bête inconnue.

**2** Trouve cinq titres de textes narratifs que tu connais.

**3** Trouve cinq titres de textes explicatifs que tu aimerais écrire.

**4** Voici les premières phrases de quelques textes. Trouve s'il s'agit d'un texte narratif, d'un texte explicatif ou d'une lettre.

1. Il y avait une fois un renard si gentil que tout le monde l'aimait. Il avait un seul ennemi : le serpent jaune qui vivait tout près de son terrier.

2. Le coucou est un oiseau étonnant. Il ne sait pas construire son nid, il ne sait pas couver ses œufs ni élever ses petits. C'est pourquoi il confie cette tâche à d'autres oiseaux.

3. Sur une île, très loin de toute terre, vivait un très très vieux monsieur. Il était arrivé là tout petit et ne se souvenait pas de ce qu'était un humain.

4. Nous sommes arrivés hier après un long voyage. Nous étions tous très fatigués.

5. Deux princes amoureux de la même princesse se faisaient la guerre depuis longtemps.

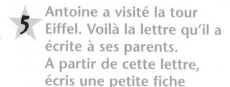

**5** Antoine a visité la tour Eiffel. Voilà la lettre qu'il a écrite à ses parents.
A partir de cette lettre, écris une petite fiche documentaire.

*Paris, le 14 juillet 1997*

*Chers parents,*
*Hier, j'ai visité la tour Eiffel. L'ascenseur était en panne, je n'ai pas pu monter jusqu'en haut ; vous vous rendez compte, il y a trois étages. C'est dommage, car j'aurais vu Paris de 320 mètres de haut ! Nous sommes quand même allés jusqu'au deuxième étage.*
*Grand-père m'a dit que cette tour a été construite par Gustave Eiffel pour l'Exposition universelle de 1901.*
*Je vous rapporterai des cartes postales. Grosses bises.*

*Antoine*

# 3 Hier, aujourd'hui, demain

## 1- Des mots qui indiquent le temps

**TEXTE 1**

*I*l y a bien longtemps, le Mont-Saint-Michel était une île. Aujourd'hui, il n'est plus qu'une presqu'île... Les pèlerins[1] d'autrefois avaient peur de la mer, les touristes d'aujourd'hui n'aperçoivent que parkings, herbes et moutons. Le Mont est relié à la terre par une digue[2] qui retient le sable. Si rien n'est fait, la beauté du site disparaîtra bientôt.

D'après C. DAJEZ, *La Normandie*, éditions Études vivantes.

1. Personne qui se rend dans un lieu saint.
2. Mur qui empêche l'eau d'envahir les terres.

## Cherche

● **Dans ce texte, relève les mots qui disent quand se passe ce dont on parle et classe-les dans le tableau qui suit.**

| Maintenant | Avant | Après |
|---|---|---|
| | | |

● **Dans chaque phrase, essaie de supprimer ces mots. Peux-tu encore savoir ce qui se passe maintenant, avant, après ? Quels autres mots t'ont permis de le trouver ?**

### Faisons le point

Il y a des mots qui permettent de savoir de quel moment on parle : on dit que ces mots indiquent **le temps**.

Dans une phrase, on peut supprimer certains de ces mots : *il y a bien longtemps, autrefois, aujourd'hui, bientôt...*

D'autres ne peuvent pas être supprimés. Ces mots sont **les verbes**.

# 2- A quel moment ?

Arnay, mercredi 12 mars 1997

Chère Annie,

Je suis en vacances et je m'amuse bien. Hier, nous sommes allés à la pêche au bord du lac du Dormeur. Demain, nous irons sans doute faire une grande promenade en montagne. Aujourd'hui, il ne fait pas très beau et nous nous reposons. Ce soir nous ferons des crêpes.

Je t'embrasse,

Antoine

## Cherche

● **Dans cette lettre, Antoine raconte ce qu'il fait pendant ses vacances.**

◆ Est-ce que tout se passe au même moment ?

● **Il y a des mots qui te permettent de savoir de quel jour il parle :**

aujourd'hui     le .... 1997

hier            le .... 1997

demain       le .... 1997

◆ Regarde quelle est la date de la lettre et complète ces dates.

● **Relève les phrases qui disent ce qui se passe au moment où Antoine écrit la lettre. Relève celles qui disent ce qui s'est passé avant, et celles qui disent ce qui se passera après. Souligne chaque fois les mots qui l'indiquent.**

● **Remplis le tableau suivant :**

| S'est passé avant le moment où Antoine écrit la lettre | Se passe au moment où Antoine écrit la lettre | Se passera après le moment où Antoine écrit la lettre |
|---|---|---|
| | | |
| → PASSÉ → | → PRÉSENT → | → FUTUR → |
| le verbe est au **passé** | le **temps** du verbe est le **présent** | le **temps** du verbe est le **futur** |

# Tu peux t'exercer

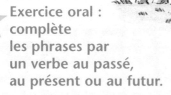

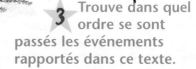

**1** Exercice oral : complète les phrases par un verbe au passé, au présent ou au futur.

**1.** Après l'école, nous (aller) au stade.

**2.** Dès que les beaux jours (arriver), les citadins (partir) à la campagne le dimanche.

**3.** Le Petit Chaperon rouge (être) un conte que les enfants (lire) encore dans cent ans.

**4.** Les hommes préhistoriques ne (connaître) pas le feu.

**5.** Dans cent ans, les voitures ne (polluer) plus l'air.

**2** Lis ce texte en choisissant le temps des verbes qui convient.

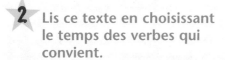

Hier, Julien ne (se sentait, se sent) pas bien. Son front (est, était) brûlant, il (frissonne, frissonnait). Sa maman (prendra, a pris) sa température : il (a, avait) beaucoup de fièvre. Aujourd'hui, le médecin (devra, doit, devait) venir. Julien ne (va, ira) sûrement pas à l'école demain.

**3** Trouve dans quel ordre se sont passés les événements rapportés dans ce texte.

Ce matin la voiture de papa est tombée en panne. Pourtant, la semaine dernière, papa l'avait conduite chez le mécanicien. C'est le vendeur qui le lui avait recommandé quand il a acheté la voiture, le mois dernier. Elle sera prête ce soir et j'espère que nous pourrons partir dimanche.

**4** Indique les dates qui correspondent à chacun des jours dont on parle dans le texte.

Aujourd'hui lundi, j'ai assisté au défilé du 14 Juillet. Hier, nous avons vu le feu d'artifice et nous sommes allés danser sur la place du village. Depuis jeudi, les préparatifs allaient bon train. Ce matin, il a fallu remettre tout en ordre. Et après-demain, nous partons en vacances.

## ET MAINTENANT, ÉCRIS

**5** Fais un court texte en employant les expressions suivantes :

**1.** la nuit dernière,

**2.** aujourd'hui,

**3.** deux heures plus tard,

**4.** ce soir.

# 4 Reconnaître le verbe dans la phrase

## 1- Un mot qui change quand le temps change

1. Alfred pense toujours à l'énorme gâteau au miel.
2. Alfred pensait toujours à l'énorme gâteau au miel.
3. Alfred pensera toujours à l'énorme gâteau au miel.

### Cherche

● **Ces phrases ont-elles le même sens ?**

◆ Trouves-tu une différence entre elles ?

● **A quel moment se passe la première ?**

◆ Quel est le mot qui te permet de le dire ?

● **A quel moment se passe la seconde ?**

◆ Quel est le mot qui te permet de le dire ?

● **Relis la troisième phrase. Que remarques-tu cette fois ?**

### Faisons le point

Dans une phrase, le verbe change quand le moment dont on parle change : on dit que le **temps du verbe change**.

## 2- Un mot qui change quand la personne change

4. Alfred, tu mangeras d'abord ta soupe.
5. Non, je ne mangerai pas ma soupe.

## Cherche

● **Observe les phrases 4 et 5.**

◆ Dans la phrase 4, Papa s'adresse à Alfred :
  quels sont les mots qui te le montrent ?

◆ Dans la phrase 5, c'est Alfred qui parle :
  quel est le mot qui te le montre ?

◆ Tu vois que :
  - *je* désigne la personne qui parle ;
  - *tu* désigne la personne à qui on parle.
  *Je* et *tu* ne désignent pas la même **personne**.

## Cherche encore

● **Compare maintenant les deux phrases 4 et 5.**

◆ Quelles autres différences trouves-tu ?

### Faisons le point

Dans une phrase, le verbe change aussi quand la **personne** change.

Le verbe change quand **le temps et la personne changent** : on dit que **le verbe se conjugue**.

Ces changements s'appellent la **conjugaison**.

# 3- Les personnes du verbe

6. (Papa) : - Alfred, **tu** mangeras d'abord ta soupe.
7. (Alfred) : - Non, **je** ne mangerai pas ma soupe.
8. (Maman) : - Mais oui, **il** mangera sa soupe !

## Cherche

● **Qui parle dans la phrase 8 ?**
   **Comment le sais-tu ?**

● **Peux-tu savoir à qui elle parle ? Comment le sais-tu ?**

● **De qui parle-t-elle ? Comment le sais-tu ?**

   ◆ Y a-t-il un mot qui te l'indique ?
   ◆ Et si, au lieu de parler d'Alfred,
     Maman parlait de Noémie,
     que dirait-elle ?

## Faisons le point

Tu sais déjà que :
- *je* désigne la personne qui parle :
  on dit que c'est la **première personne** ;
- *tu* désigne la personne à qui on parle :
  on dit que c'est la **deuxième personne**.

Tu vois que :
- *il* (*elle*) désigne la personne, la chose dont on parle :
  on dit que c'est la **troisième personne**.

Comme il n'y a chaque fois qu'une seule « personne »,
on dit que ce sont les **trois personnes du singulier**.

On appelle *je, tu, il* et *elle* des **pronoms personnels**.

# Cherche encore

● **Complète maintenant les phrases suivantes,
en utilisant les phrases 6, 7 et 8 :**

  9. (Papa) : - Alfred et Noémie, ...
10. (Alfred et Noémie) : - Non, ...
11. (Maman) - Mais oui, ...

## Attention

Il mange / Ils mangent.
Elle mange / Elles mangent.
On mange.

## Faisons le point

*Nous, vous, ils, elles* sont aussi des pronoms personnels :
- *nous* est la première personne ;
- *vous* est la deuxième personne ;
- *ils, elles* sont la troisième personne.

Comme il y a chaque fois plusieurs personnes, on dit que ce
sont les **trois personnes du pluriel**.

# Tu peux t'exercer

**1** Souligne les verbes des phrases suivantes.

1. Il est beaucoup trop gros pour s'asseoir sur ce petit fauteuil.
2. Elle farcit le dindon avec des pruneaux et des herbes.
3. J'ai apporté le dindon farci d'herbes merveilleuses.
4. Nous courons à perdre haleine à travers la ville.
5. Tu devrais m'écouter.
6. Je venais de m'affaler dans mon fauteuil quand on sonna à la porte.
7. Vous prendrez bien un peu de limonade pour accompagner le gâteau ?

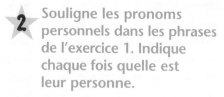

**2** Souligne les pronoms personnels dans les phrases de l'exercice 1. Indique chaque fois quelle est leur personne.

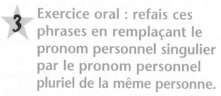

**3** Exercice oral : refais ces phrases en remplaçant le pronom personnel singulier par le pronom personnel pluriel de la même personne.

1. J'aime le jambon et la saucisse.
2. Tu veux me dire pourquoi tu as fait cela ?
3. Elle chantait à tue-tête en oubliant ses bonnes manières.

**4** Exercice inverse.

1. Nous n'irons plus au bois, les lauriers sont coupés.
2. Ils s'en donneront à cœur joie.
3. Vous avez d'excellentes idées.

**5** Dans ce texte, des pronoms personnels ont été soulignés. Dis pour chacun d'eux qui il désigne.

L'ENFANT D'ÉLÉFANT

**La mère éléfant** - Tiens, voilà ta tante Autruche !

**L'enfant d'éléfant** - J'ai entendu ! Je ne suis pas sourd comme une cruche.

**La mère éléfant** - Mon cher Éléfanto, comme nous devons aller au mariage de ton autre tante [...], tu vas rester ici bien sage avec ta tante Autruche Uche, et elle te donnera des leçons très utiles pour ton avenir professionnel !

**L'enfant d'éléfant** - Ah bon ! Alors là, je tombe des nues, et lourdement. Je crois bien que j'ai attrapé la varicelle. [...] Mais je ne peux pas aller avec vous au mariage ?

**Le père éléfant** - Non ! Tu n'as pas l'âge.

**L'enfant d'éléfant** - Ah ! Bon... Mais je...

**La mère éléfant** - Je te dis que non.

**L'enfant d'éléfant** - Et elle ?

**La mère éléfant** - Qui elle ?

**L'enfant d'éléfant** - Ma tante Autruche, elle ne peut pas y aller au mariage de ma tante [...] ! Elle, elle a l'âge d'aller à un mariage !

© éditions Milan, Richard DEMARCY,
*L'Enfant d'éléfant,*
Mille ans de théâtre, tome 1, 1993.

# 5 La carte d'identité du verbe

## 1- *Le nom du verbe*

**TEXTE 1**

Il y a cinq mille ans, des paysans, des bergers, des mineurs, des artisans **travaillaient** sur cette terre. Leurs occupations n'**étaient** pas tellement différentes de celles qui existaient au début de ce siècle.

D'après L.-R. NOUGIER, *Les Temps préhistoriques*,
La Vie privée des hommes, Hachette.

## Cherche

● **De quelle époque parle-t-on dans ce texte ?**

◆ Tu sais reconnaître le verbe dans un texte. Ici, on a mis deux verbes en caractères gras.

● **Tu vas maintenant compléter le texte 2 qui parle de l'époque présente, en employant les mêmes verbes :**

**TEXTE 2**

Aujourd'hui, des paysans, des bergers, des mineurs, des artisans ... sur cette terre.
Leurs occupations ne ... pas tellement différentes de celles qui existaient il y a cinq mille ans.

● **Tu sais que le verbe change quand le temps change. Mais tu as employé les mêmes verbes. Peux-tu donner un « nom » à ces verbes ?**

◆ Si tu cherchais dans le dictionnaire, que chercherais-tu ?

## Faisons le point

Pour « nommer » un verbe, on emploie une forme qui ne change pas quand le temps change et la personne change, **une forme qui ne se conjugue pas :**

exemple : *ils travaillaient / ils travaillent → travailler*

Cette forme s'appelle **l'infinitif.**

## As-tu bien compris ?

● **Trouve l'infinitif des verbes soulignés.**

1. Tu <u>trembles</u>.
2. Nous <u>finissons</u> de déjeuner.
3. Il <u>prend</u> l'autobus.
4. Vous <u>irez</u> au cinéma.
5. On <u>peut</u> venir ?
6. Ils <u>avançaient</u> avec prudence.

# 2- Les « déguisements » du verbe

**PHRASE 1 -** <u>Demain</u> c'est ta fête, toutes les mouches danseront. (chanson)

## Cherche

● **Trouve le verbe qui manque dans les phrases 2 et 3 :**

**PHRASE 2 -** <u>Aujourd'hui</u> c'est ta fête,
toutes les mouches ....

**PHRASE 3 -** <u>Hier</u> c'était ta fête, toutes les mouches ....

● **De quel verbe s'agit-il ? Quel est son infinitif ?**

● **Compare les formes de ce verbe dans les phrases 1, 2 et 3. Que remarques-tu ?**

### Faisons le point

Quand on conjugue un verbe, il y a :
- une partie qui ne change pas : c'est le corps du verbe, on l'appelle le **radical** ;
- une partie qui change : c'est la fin du verbe, on l'appelle la **terminaison**.

## As-tu bien compris ?

● **Entoure la terminaison des verbes.**

| chanter | avertir | courir |
|---|---|---|
| je chante | j'avertis | je cours |
| tu chanteras | il avertira | nous courions |
| nous chantons | vous avertissez | ils couraient |

# 3- A chacun son groupe

## Cherche

● **Peux-tu donner l'infinitif des verbes en caractères gras dans le texte 3 ?**

| TEXTE 3 | Infinitif |
|---|---|
| - *Que* **fais**-*tu ?*<br>- *Je* **dessine.**<br>- *Je ne* **vois** *pas ce que c'*est.<br>- *Un mouton.*<br>- *Est-ce que je* **peux** *regarder ?*<br>- *Laisse-moi d'abord* **finir.** **Lis,** *en attendant.*<br>- *Dépêche-toi, je* **pars** *dans cinq minutes,*<br>  *je* **vais** *voir le feu d'artifice.* |  |

◆ Compare les infinitifs que tu as trouvés. Se terminent-ils tous de la même façon ?

### Faisons le point

Il y a différentes sortes d'infinitifs.

On les reconnaît par leur terminaison.

## Cherche encore

● **Au paragraphe 2, tu as trouvé l'infinitif du verbe DANSER.**
**En le comparant aux autres formes du verbe dans les phrases 1 (*danseront*), 2 (*dansent*) et 3 (*dansaient*), peux-tu dire quelle est sa terminaison ?**

Les verbes qui se terminent comme DANSER sont du I<sup>er</sup> groupe.

● **En les comparant au verbe DANSER, peux-tu dire quelle est la terminaison de FINIR et de PARTIR ?**

● **Compare**

| Infinitif | Terminaison | | |
|---|---|---|---|
| FINIR | -IR | *il finit*<br>*nous finissons* | **2ᵉ groupe** |
| PARTIR | -IR | *il part*<br>*nous partons* | **3ᵉ groupe** |

◆ Que remarques-tu ?

● **En observant l'infinitif des autres verbes du texte 3, peux-tu trouver d'autres terminaisons ?**

## Faisons le point

| groupe | infinitif terminé par | |
|---|---|---|
| 1ᵉʳ groupe | -ER | Ils se conjuguent tous de la même façon. |
| 2ᵉ groupe | -IR | *je finis / nous finissons*<br>Ils se conjuguent tous de la même façon. |
| 3ᵉ groupe | -IR<br>-OIR<br>-RE | *je pars / nous partons*<br>Ils ne se conjuguent pas tous de la même façon. |
| autres | ALLER n'a pas de groupe.<br><br>Les verbes ÊTRE et AVOIR n'ont pas de groupe. | Il ne se conjugue pas comme les verbes du 1ᵉʳ groupe.<br><br>Ils peuvent servir à conjuguer les autres verbes : par exemple, *j'ai couru, je suis tombée*.<br><br>On les appelle alors des **auxiliaires**. |

## As-tu bien compris ?

● **A quel groupe appartiennent les verbes suivants :**

*jaunir ; pleurer ; crier ; faire ; écrire ; avancer ; finir ; lire ; prendre ; essayer ; nourrir ; imaginer.*

# Tu peux t'exercer

**1** Entoure les verbes conjugués, souligne les verbes à l'infinitif.

J'étais enfin prête quand on frappa à la porte. Quelle surprise ! C'était le Père Noël qui venait me souhaiter une bonne fête et se reposer un peu avant la nuit à venir, qui était pour lui la plus fatigante de l'année.

Il m'apportait un cadeau : une radio ultramoderne avec des écouteurs. Quelle bonne idée ! J'entendrai mes émissions préférées sur mon balai magique. Pour le remercier, je lui offris une part de gâteau et un peu de vin.

D'après E. LARREULA et R. CAPDEVILA, *Le Noël de la sorcière Camomille*, © Planeta SA, Barcelone, Espagne, 1991, © éditions du Sorbier pour l'édition française.

**2** Trouve 3 verbes du 1er groupe, 3 verbes du 2e groupe, 3 verbes du 3e groupe.

**3** Trouve l'infinitif des verbes écrits en gras.

1. Nous **faisons** une promenade à pied tous les jours, lorsque le temps le **permet**.
2. **Viens** passer quelques jours avec nous.
3. Je **lis** tous les soirs avant de m'endormir.
4. Lorsque tu **auras** le temps, j'aimerais que tu nous **prépares** un peu de café.
5. Si tu as **fini** avant moi, tu **viendras** m'aider.

**4** Mets les verbes soulignés à l'infinitif et indique leur groupe.

Quand il <u>vit</u> le loup aussi décidé, le petit cochon <u>alluma</u> un grand feu dans la cheminée où il <u>suspendit</u> une grosse marmite pleine d'eau. Au moment où le loup <u>descendait</u>, il <u>retira</u> le couvercle et l'autre <u>tomba</u> dans la marmite. Le petit cochon <u>remit</u> tout de suite le couvercle et il <u>mangea</u> le loup bouilli à son dîner.

*Les Trois Petits Cochons.*

**5** Trouve le radical et la terminaison des verbes suivants :

pleurer - couvrir - renverser - partir - prendre - devenir - dormir - descendre - nager.

# 6 Conjuguer le présent (1)

## 1- Le présent des verbes du premier groupe

1. Je chante.
2. Pierre chante, Marie danse, Jacques pleure.
3. Tu fredonnes.

4. Les coureurs arrivent.
5. Nous regardons.
6. Vous recommencez.

### Cherche

● **Phrase 1 : Tu reconnais le verbe. De quel verbe s'agit-il ?**

◆ A quel temps est-il ? A quelle personne est-il ?
◆ Tu sais trouver son radical : quel est-il ?

● **Compare :**

| infinitif | 1<sup>re</sup> personne du présent |
|---|---|
| *chant-**er*** | *je chant-**e*** |

◆ Que remarques-tu ?

● **Phrase 2 : A quelle personne est cette fois le verbe** *chanter* **?**

● **Compare :**

| 1<sup>re</sup> personne du présent | 3<sup>e</sup> personne du présent |
|---|---|
| *je chant-**e*** | *Pierre chant-**e*** |

◆ Regarde d'abord ces deux phrases écrites dans le tableau, puis lis-les à haute voix : que remarques-tu ?

# Cherche encore

**PHRASE 3 :** Tu fredonnes.

● **De quel verbe s'agit-il ? A quelle personne est-il ?**

◆ Tu sais retrouver son radical. Quelle est sa terminaison ?

● **Mets le verbe à la première et à la troisième personne et lis à haute voix ces trois personnes.**
**Que remarques-tu ?**

● **Fais le même travail pour la phrase 4.**
**Que remarques-tu ?**

● **Phrases 5 et 6 : à quelles personnes sont les verbes ?**
**Quelles sont leurs terminaisons ?**

◆ A toi de faire le point en complétant le tableau suivant :

# As-tu bien compris ?

● **Écris devant chaque verbe le pronom qui convient.**
**Attention : il y a parfois plusieurs possibilités.**

... cherche ; ... pleure ; ... parlez ; ... rentres ; ... aimons ; ... travaillent.

# 2- *Le présent des verbes du deuxième groupe*

Voici la conjugaison du présent du verbe *grandir*.

|  | **Singulier** | **Pluriel** |
|---|---|---|
| 1<sup>re</sup> personne | *je grandis* | *nous grandissons* |
| 2<sup>e</sup> personne | *tu grandis* | *vous grandissez* |
| 3<sup>e</sup> personne | *il grandit* | *ils grandissent* |

## *Cherche*

● **Compare :**

| infinitif | 1<sup>re</sup> personne du présent |
|---|---|
| *grand-**ir*** | *je grand-**is*** |

● **Que remarques-tu ? Comment peux-tu trouver la première personne du présent d'un verbe du deuxième groupe quand tu connais l'infinitif ?**

● **Observe maintenant les trois personnes du singulier. Lis-les à haute voix : comment se prononcent-elles ? Comment s'écrivent-elles ?**

● **Complète le tableau :**

| Verbes du deuxième groupe | | |
|---|---|---|
| **singulier** | **radical** | **terminaison** |
| 1<sup>re</sup> personne |  | - |
| 2<sup>e</sup> personne | *grandi-* | - |
| 3<sup>e</sup> personne |  | - |

# Cherche encore

● Observe les trois personnes du pluriel.
Tu retrouves les mêmes terminaisons que pour
les verbes du premier groupe : quelles sont
ces terminaisons ?

● A quel radical s'ajoutent ces terminaisons ?
Compare-le au radical des trois personnes du singulier.
Que remarques-tu ?

## Faisons le point

| Infinitif | Radical | Terminaison |
|---|---|---|
| grandir | grandi- | -s |
| | | -s |
| | | -t |
| | grandiss- | -ons |
| | | -ez |
| | | -ent |

# As-tu bien compris ?

● Écris devant chaque verbe le pronom qui convient :

... finissons ;
... grandis ;
... applaudit ;
... frémissent ;
... obéis ;
... pâlissez.

# Tu peux t'exercer

**1** Souligne les verbes au présent.

1. Le vent souffle fort.

2. Si tu regardes bien, tu distingues le sommet de la montagne à travers les nuages.

3. J'ai décidé d'apprendre le chinois ; acceptes-tu de m'aider ?

4. Les enfants ont contemplé les équilibristes avec attention.

5. J'achète toujours mes livres dans la librairie qui est installée sur la place du marché.

**2** Relie d'un trait le verbe et son pronom (il peut y avoir plusieurs possibilités).

| | |
|---|---|
| joues | je |
| s'amusent | nous |
| pense | tu |
| travaille | il |
| arrivons | elles |
| entrez | vous |

**3** Écris les verbes soulignés au présent.

Au pôle Nord, pas un chat n'habitait, mais on y trouvait des pingouins par milliers, indifférents aux rigueurs du temps. Ils nageaient dans l'eau glacée, et marchaient gaiement en se dandinant d'un pied sur l'autre. Puis ils se regroupaient par grandes colonies et poussaient des cris pareils au bruit d'une mobylette.

D'après N.-J. BREHON et M. BOUCHER,
*Le Pingouin aux pieds bleus,*
Père Castor, Flammarion.

**4** Relie d'un trait le verbe et son pronom (il peut y avoir plusieurs possibilités).

| | |
|---|---|
| jaunissent | tu |
| avertit | nous |
| remplissons | elles |
| grandis | vous |
| finis | il |
| nourrissez | je |

**5** Récris les phrases avec le pronom personnel proposé entre parenthèses.

1. Je regarde ce tableau avec plaisir. (*Nous*)

2. Il réfléchit avant de se décider. (*Elles*)

3. Tu réussis cette course de vitesse. (*Vous*)

4. Nous jouons aux petits chevaux. (*Tu*)

5. On aplatit la pâte avec un rouleau. (*Je*)

**6** Écris les verbes soulignés au présent.

Recette de la tarte aux abricots

Tu choisiras de beaux abricots. Tu mélangeras la farine et le beurre et tu pétriras ce mélange. Tu aplatiras la pâte dans un moule à tarte. Tu garniras cette pâte d'abricots. Tu laisseras cuire au four une demi-heure.

# 7 Conjuguer le présent (2)

## 1- Le présent des verbes du troisième groupe

### LE VERBE *VOIR*

singulier :   je vois la mer
                tu vois la mer
                Émile voit la mer

● **Compare, comme tu l'as fait pour le verbe** *grandir,*
**l'infinitif du verbe** *voir* **et les trois personnes du singulier :**
**que remarques-tu quand tu les dis ?**
**Et quand tu les regardes ?**

   ◆ Quelles terminaisons reconnais-tu ?

● **Observe maintenant la troisième personne du pluriel :**
*Les enfants voient la mer.* **Quelle terminaison reconnais-tu ?**

   ◆ Quel est le radical de ce verbe aux quatre personnes que
tu viens d'observer ?
   ◆ Complète le tableau de **Faisons le point** pour les trois
personnes du singulier et la troisième personne du pluriel.

Nous voyons la mer - Vous voyez la mer.

● **Quelles terminaisons reconnais-tu ? Quel est le radical ?**

   ◆ Compare-le au radical des autres personnes en regardant
les verbes puis en les lisant à haute voix. Peux-tu expliquer
la différence ? Complète le tableau de **Faisons le point**.

## Faisons le point

| infinitif | radical | terminaison |
|-----------|---------|-------------|
| *voir*    | *voi -* | -           |
|           | *voi -* | -           |
|           | *voi -* | -           |
|           | *voy -* | -           |
|           | *voy -* | -           |
|           | *voi -* | -           |

## Attention

Lis à haute voix les trois personnes du pluriel. Comment s'écrit le verbe à la 1$^{re}$ et à la 2$^e$ personne du pluriel ? Et à la 3$^e$ personne ?

### LE VERBE *FAIRE*

1. Je fais des crêpes.
2. Tu fais des crêpes.
3. Maman fait des crêpes.
4. Nous faisons des crêpes.
5. Vous faites des crêpes.
6. Les garçons font des crêpes.

◆ Tu peux trouver le radical du verbe en enlevant la terminaison de l'infinitif : *fai-re*.

● **Quelles terminaisons reconnais-tu au singulier ? Inscris-les dans le tableau.**

● **Observe les trois personnes du pluriel : que remarques-tu ?**

◆ Complète le tableau de **Faisons le point**.

## Faisons le point

| infinitif | radical  | terminaison |
|-----------|----------|-------------|
| *faire*   | *fai -*  | -           |
|           | *fai -*  | -           |
|           | *fai -*  | -           |
|           | *fais -* | -           |
|           | *fai -*  | -           |
|           | *fo -*   | -           |

# 2- Le présent des verbes aller, avoir, être

|  | aller | avoir | être |
|---|---|---|---|
| **singulier** | | | |
| 1<sup>re</sup> personne | *je vais* | *j'ai* | *je suis* |
| 2<sup>e</sup> personne | *tu vas* | *tu as* | *tu es* |
| 3<sup>e</sup> personne | *il va* | *elle a* | *il est* |
| **pluriel** | | | |
| 1<sup>re</sup> personne | *nous allons* | *nous avons* | *nous sommes* |
| 2<sup>e</sup> personne | *vous allez* | *vous avez* | *vous êtes* |
| 3<sup>e</sup> personne | *ils vont* | *elles ont* | *ils sont* |

- **Observe chacun de ces verbes : quelles terminaisons reconnais-tu ?**

- **Compare le verbe** *aller* **et le verbe** *avoir* **aux trois personnes du singulier : que remarques-tu ? Fais le même travail pour les trois personnes du pluriel.**

- **Et pour le verbe** *être*, **quelles ressemblances et quelles différences observes-tu ?**

## Tableau récapitulatif

|  | 1<sup>er</sup> groupe | 2<sup>e</sup> groupe | 3<sup>e</sup> groupe | | autres | | |
|---|---|---|---|---|---|---|---|
|  | danser | grandir | voir | faire | aller | avoir | être |
| je | *danse* | *grandis* | *vois* | *fais* | *vais* | *ai* | *suis* |
| tu | *danses* | *grandis* | *vois* | *fais* | *vas* | *as* | *es* |
| Marie | *danse* | *grandit* | *voit* | *fait* | *va* | *a* | *est* |
| nous | *dansons* | *grandissons* | *voyons* | *faisons* | *allons* | *avons* | *sommes* |
| vous | *dansez* | *grandissez* | *voyez* | *faites* | *allez* | *avez* | *êtes* |
| Jo et Flo | *dansent* | *grandissent* | *voient* | *font* | *vont* | *ont* | *sont* |

# Tu peux t'exercer

 **Souligne les verbes au présent.**

1. Vois-tu mieux avec mes lunettes ?
2. Il fait une promenade avec son chien.
3. Nous faisons des confitures de prunes.
4. Vous voyez ce que j'ai fait ?
5. Vous faites attention en entrant dans la cave.

 **Relie d'un trait le verbe et son pronom (il peut y avoir plusieurs possibilités).**

fais
faisons            tu
voyons             je
voyez              vous
faites             nous
vois

**3** **Mets les verbes au présent.**

1. Nous (*être*) vraiment très heureux de partir.
2. Si tu (*voir*) tes parents, salue-les pour moi.
3. Tous les dimanches, vous (*aller*) au cinéma.
4. Il (*faire*) de gros progrès au piano.
5. J'(*avoir*) quelques billes dans ma poche.
6. Je t'en (*donner*) quelques-unes.

 **Récris les phrases avec le pronom personnel proposé entre parenthèses.**

1. Tu as besoin de te reposer. *(Vous)*
2. Vous êtes prêts ? *(Ils)*
3. Vous allez au cirque ce soir. *(Elle)*
4. On fait attention ! *(Je)*
5. Je vois la vie en rose. *(Nous)*
6. Ils sont dans le jardin. *(Tu)*

## ET MAINTENANT, ÉCRIS

**5 Écris ce texte au présent.**

Un matin, une douce odeur de viande grillée chatouilla le museau de Messire Loup. A pas de loup, comme il se doit, il s'approcha : au beau milieu d'un pré, trois bergers faisaient rôtir un mouton. Caché derrière un buisson, Messire Loup les observa en se léchant les babines.
Ses grandes dents luisaient et sa langue pendait déjà...
Pourtant, Messire Loup se sentait bien triste car les bergers lui interdisaient de manger les moutons.
Les bergers ne l'aimaient pas, c'était sûr !

C.-C. RAGACHE et Y. BEAUJARD,
*Les Grands Gentils-Loups*, coll.
Mes premières légendes, éditions Hachette.

# 8 Le présent, pour quoi faire ?

## 1- Un temps pour dire ce qui est en train de se passer

### TEXTE 1

A la fin du siècle dernier, on a commencé à pêcher avec des chalutiers à vapeur puis à moteur. Actuellement, les grands chalutiers sont de véritables navires-usines. Ces grands navires viennent de Russie, de Pologne ou de Scandinavie.

A Fécamp, il ne reste plus qu'un seul chalutier moderne partant encore pêcher à Terre-Neuve[1]. Au début du siècle, ils étaient des dizaines de terre-neuvas qui y avaient leur port d'attache.

D'après C. DAJEZ, *La Normandie*, éditions Études Vivantes.

1. Terre-Neuve : grande île du Canada à l'embouchure du fleuve Saint-Laurent.

## Cherche

● **De quoi s'agit-il dans ce texte ?**

● **Peux-tu savoir de quelle époque on parle ? Pourquoi ?**

● **Que veut dire « actuellement » ? Si tu supprimais ce mot, saurais-tu encore de quelle époque il s'agit dans cette phrase ?**

**TEXTE 2**

(*Ce soir-là, peu avant le dîner, le roi Richard et la reine Emma se trouvaient dans la salle du trône. La sorcière Zizanie entra...*)

**Zizanie** - Salut Richardounet, salut Em, comment ça va ? Vous ne vous souvenez pas de moi, n'est-ce pas ?

**Emma** - Euh... j'ai bien peur que non, je ne me souviens pas.

**Zizanie** - Ça ne me surprend pas, mon chou, nous ne nous connaissons pas !

**Richard** - De quel royaume êtes-vous la reine ?

**Zizanie** - Les Îles Inconnues.

**Richard** - Les Îles Inconnues ? Je ne crois pas en avoir jamais entendu parler.

**Zizanie** - C'est le cas de tout le monde, mon poulet. C'est pour ça qu'elles sont inconnues !

D'après A. MATTHEWS et T. ROSS,
*La Sorcière Zizanie*, éditions Calligram.

## Cherche encore

● **On a pris ce texte dans une histoire qui se passait autrefois. Comment peut-on le savoir ?**

● **Dans ce texte, trois personnages parlent tour à tour. Comment sait-on qui parle chaque fois ?**

● **A quel temps sont les verbes ?**

● **Explique pourquoi l'auteur a choisi ce temps.**

## Faisons le point

Le **présent** sert à dire ce qui se passe **au moment où nous le disons**.

41

## As-tu bien compris ?

● **Lis ce texte en choisissant dans les parenthèses le temps qui convient pour les verbes.**

Un beau dimanche après la messe, Lustucru acheta un bouquet, mit son bel habit noir, sa cravate, ses gants, puis traversa la rue et fut sonner chez la voisine.

- Excusez-moi, madame Michel, (*je suis, j'étais, je serai*) votre voisin d'en face...

- C'est vous, voisin ? Je ne vous (*reconnaissais, reconnais, reconnaîtrai*) plus ! Comme vous (*étiez, êtes, serez*) beau ! Entrez donc cinq minutes ! Vous (*prenez, prendrez, preniez*) bien un petit quelque chose ?

- Avec plaisir, madame Michel... Tenez voici des fleurs pour vous !

- Oh, comme vous (*étiez, êtes, serez*) gentil ! Et qu'elles (*étaient, sont, seront*) belles ! Asseyez-vous, je vais les mettre à l'eau.

- Dites-moi, madame Michel...

- Je vous (*écoute, écoutais, écouterai*) voisin.

- Eh bien... je (*suis venu, viens, viendrai*) vous demander en mariage.

- Oh, pas possible ! je vous (*connais, connaissais, connaîtrai*) à peine...

- Vous (*apprenez, apprendrez, appreniez*) à me connaître, madame Michel. Vous voyez, je (*suis, étais, serai*) grand, je (*suis, étais, serai*) fort, je (*suis, étais, serai*) brave et de plus je (*suis, étais, serai*) immortel.

- Ma foi, dit-elle, j' (*avoue, avouerai, avouais*) que c'est intéressant. Et comment vous (*appelez, appeliez*)-vous ?

- Je m' (*appelle, appelais, appellerai*) Lustucru.

P. GRIPARI, *Contes de la rue Broca, Histoire de Lustucru*, © éditions de la Table Ronde, 1967.

# 2- *Un temps pour dire ce qui est toujours vrai*

● **Relis la dernière phrase du texte 2** : *C'est pour ça qu'elles sont inconnues.*

◆ Les Îles Inconnues sont inconnues de qui ?

◆ Crois-tu que quelqu'un les connaissait auparavant ?
La phrase *elles sont inconnues* est vraie au moment où Zizanie le dit à Richard, mais elle était vraie avant aussi.

## TEXTE 3

Chez les Jivaros, Indiens d'Amérique du Sud, on <u>entretient</u> des feux aux deux extrémités du lit pour que les dormeurs aient toujours chaud.

J. BOUTON et C. DOLTO-TOLITCH, *Vive le sommeil.*

## Cherche

● **A quel temps est le verbe souligné ?**

● **Crois-tu que ce que disent les auteurs est vrai seulement au moment où ils le disent ?**

### Faisons le point

Le présent est un temps qui sert à dire ce qui est vrai au moment où on le dit, mais qui était déjà vrai avant et sera encore vrai après.

Il sert à dire ce qui est toujours vrai.

## As-tu bien compris ?

● **Lis ce texte et explique pourquoi les verbes sont au présent.**

Les rêves sont une suite d'images, de sons, d'odeurs ou d'émotions dont on se souvient à l'éveil. Ils ne racontent pas toujours une histoire avec un début et une fin, ils sont même souvent sans queue ni tête.

J. BOUTON et C. DOLTO-TOLITCH, *Vive le sommeil.*

**1** Voici quelques textes au présent. Dis pour chacun d'eux si le présent sert à dire :
- ce qui est toujours vrai ;
- ce qui se passe au moment où on le dit.

1. La baleine est le plus gros animal vivant actuellement sur la Terre.

2. *(Comme l'âne marchait, il rencontra un chien.)*
- Pourquoi gémis-tu ainsi ?
- Ah ! répondit le chien, parce que je suis vieux. Je ne peux plus chasser.

3. Les plantes sont comme les hommes, elles ont besoin d'eau pour vivre.

4. *(Quand ma petite sœur est née, elle n'était vraiment pas belle.)*
Maintenant, elle a deux ans et c'est une petite fille adorable. Ses cheveux sont bouclés, sa peau est toute dorée et j'aime son sourire pétillant.

 **2** A quel temps sont les verbes de cette phrase ? Pourquoi ?

Pierre qui roule n'amasse pas mousse.

Tu connais sûrement d'autres proverbes comme celui-ci. Essaie de les retrouver puis d'en imaginer d'autres.

**3** Dans ce texte, il y a des verbes au présent et des verbes au passé. Pourquoi tous les verbes ne sont-ils pas au présent ?

La tapisserie de Bayeux :
Cette tapisserie est plutôt une broderie que l'on peut admirer à Bayeux dans un bâtiment proche de la cathédrale.
Cet ouvrage a probablement été réalisé peu de temps après la bataille d'Hastings[1].
La broderie a été exécutée avec des fils de laine ; le fond est une toile de lin.
Elle présente les grands moments de la conquête de l'Angleterre.

*1. En 1066, les Normands commandés par Guillaume le Conquérant ont battu les Anglo-Saxons à Hastings.*

Remplace les verbes au présent par des verbes au passé.
Le texte a-t-il le même sens ?
Que remarques-tu ?

## ET MAINTENANT, ÉCRIS

**4** Écris un court texte en employant le présent :
- pour dire quelque chose qui est toujours vrai ;
- puis pour dire quelque chose qui se passe au moment où on le dit
(tu peux alors commencer par une phrase au passé).

# 9 Reconnaître une phrase

## 1- Reconnaître des phrases

**TEXTE 1**

Plume d'aigle était un grand chasseur armé simplement d'un arc et de flèches, il ramenait toujours du gibier pour nourrir sa femme et ses enfants mais un été, il y eut une terrible sécheresse pour ne pas mourir de soif dans la grande prairie, les animaux remontèrent vers le nord Plume d'aigle et les autres chasseurs grimpèrent dans leurs canoës et les suivirent arrivés dans le nord ils se mirent à chasser Plume d'aigle partit sur les traces d'un cerf mais tout à coup la neige se mit à tomber bientôt toute la campagne fut blanche et le pauvre chasseur ne reconnaissait plus rien.

© éditions Milan, adapté d'une légende des Indiens d'Amérique du Nord,
*Comment le lièvre devint blanc*, Mille ans de contes, tome 1, 1990.

## Cherche

● **Lis ce texte à haute voix.**

   ◆ Cela te semble-t-il facile ? Pourquoi ?
   ◆ Que faut-il faire pour lire facilement ce texte ?

### Faisons le point

Lorsqu'on parle et lorsqu'on lit, la voix marque des pauses. Ces pauses permettent de comprendre le sens de ce qui est dit et de ce qui est lu.

Les groupes de mots qui sont entre ces pauses sont des phrases.

# 2- *Les phrases dans le texte*

### TEXTE 2

Un jour, en fouillant dans ma poche, je trouve une pièce de cinq francs. Je me dis : « Chouette ! Je suis riche ! Je vais pouvoir m'acheter une maison ! » Et je cours aussitôt chez le notaire :

- Bonjour, monsieur le notaire ! Vous n'auriez pas une maison, dans les cinq cents francs ?

- Cinq cents francs comment ? Anciens ou nouveaux ?

- Anciens naturellement !

- Ah non, me dit le notaire, je suis désolé ! J'ai des maisons à deux millions, à cinq millions, à dix millions, mais pas à cinq cents francs !

Pierre GRIPARI, *Contes de la rue Broca*,
© éditions de la Table Ronde, 1967.

## Cherche

● **Comment repères-tu les phrases dans ce texte ?**

◆ Par quoi commencent-elles ?
◆ Par quoi se terminent-elles ?

## Faisons le point

A l'écrit, la phrase commence par une majuscule et se termine par un point (ou un point d'interrogation, un point d'exclamation).

## As-tu bien compris ?

● **Place une majuscule au début des phrases et un point à la fin.**

Kanti vivait à Colombo il habitait une petite maison blanche, près du chemin de fer il vivait là avec son frère aîné qui vendait des noix de coco et des bananes sur les marchés il n'allait pas à l'école et il était libre d'aller où il voulait.

Éric SABLÉ, *L'Idée de Kanti*, J'aime lire, Bayard Presse Jeune.

# 3- *Un point et une majuscule, ça ne suffit pas pour faire une phrase !*

1. Le chaperon jouait petit rouge les bois dans.
2. La voiture roule sur l'autoroute.
3. Les cornichous brossaient dans le jourdot empouillé.
4. Un peu de silence !
5. Quelle horreur !

## Cherche

- **Ces suites de mots commencent-elles toutes par une majuscule ?**

- **Se terminent-elles toutes par un point ?**

- **Sont-elles toutes des phrases ?**
  - ◆ Pourquoi ?

## Faisons le point

Pour qu'une suite de mots qui commence par une majuscule et se termine par un point soit une phrase, il faut que cette suite de mots ait un sens.

## As-tu bien compris ?

- **Lis toutes ces suites de mots. Dis quelles sont celles qui sont des phrases.**

1. J'aime le jambon et la saucisse.
2. Fillette la dans le joue jardin.
3. Les fiçons boullent du bouin.
4. Défense de fumer.
5. Il pleure une souris verte.
6. Si tu veux.

# Tu peux t'exercer

**1** Place une majuscule au début des phrases et un point à la fin.

Brân et ses matelots croisèrent bientôt une île effrayante ses montagnes crachaient des flammes des forgerons frappaient la roche avec d'énormes marteaux l'île suivante était couverte d'une épaisse forêt chaque arbre portait de grosses pommes dorées des animaux qui ressemblaient à des cochons frappaient les arbres avec leurs pattes de derrière

D'après Jean-Marc LIGNY,
*L'Île au nord du monde*, J'aime Lire,
Bayard Presse Jeune.

**2** Même exercice.

Il était une fois un homme très riche plus riche que le plus riche milliardaire américain plus riche même qu'oncle Picsou richissime il possédait de nombreux magasins, remplis d'argent du sol au plafond, de la cave au grenier pièces d'or, d'argent, de nickel billets de cinq cents, de cent, de cinquante francs français, lires italiennes, francs suisses, livres sterling, dollars, roubles, slotys, dinars des quintaux et des tonnes de pièces de toutes espèces et de tous pays des milliers de billets de banque, renfermés dans d'innombrables malles scellées.

Gianni RODARI, *La Maison dans le désert*, Histoires à la courte paille, Hachette Jeunesse.

**3** Complète les groupes de mots pour en faire des phrases.

1. Les voitures ... sur l'autoroute.
2. Dans la maison, les chiens ...
3. Sur le bord de la fenêtre ...
4. Dites-moi si ...

**4** Cette poésie est formée de plusieurs phrases. Sépare-les d'un trait.

A l'enterrement d'une feuille morte
Deux escargots s'en vont
Ils ont la coquille noire
Du crêpe autour des cornes
Ils s'en vont dans le soir
Un très beau soir d'automne
Hélas quand ils arrivent
C'est déjà le printemps
Les feuilles qui étaient mortes
Sont toutes ressuscitées
Et les deux escargots
Sont très désappointés [...]

Jacques PRÉVERT, *fragment de la Chanson des escargots qui vont à l'enterrement*, © éditions Gallimard.

**5** Modifie les phrases pour qu'elles soient vraisemblables.

1. A minuit, le soleil brillait haut dans le ciel.
2. Certains étés, les Parisiens font du ski au parc Montsouris.
3. Je descends au grenier pour y ranger quelques paquets.
4. Le facteur met le pain chaque jour dans les boîtes à lettres.

# 10 Des phrases pour dire, demander, s'exclamer

## 1- Dire, poser des questions, répondre

### TEXTE 1

Un jour, un hérisson partit faire une petite promenade. Il rencontra un lièvre et le salua amicalement, mais le lièvre ne lui rendit pas son salut. D'un air méprisant, il demanda au hérisson :

- Que fais-tu donc dans les champs de si bonne heure ?
- Je me promène, répondit le hérisson.
- Tu te promènes ? ricana le lièvre. Tu ferais mieux d'éviter de fatiguer tes pauvres petites pattes.

Le hérisson fut horriblement vexé car il détestait qu'on se moque de ses pattes, qui sont petites et un peu tordues. Il répondit :

- Tu t'imagines peut-être que tu es mieux équipé que moi avec tes grandes pattes ?

© éditions Milan, GRIMA, *Le Lièvre et le hérisson*,
Mille ans de contes, tome 1, 1990.

## Cherche

● **Quels sont les personnages de cette histoire ?**

● **Se parlent-ils tout au long du texte ?**

● **A quoi servent les deux premières phrases ?**

On appelle les phrases qui servent à dire ce qui se passe, à raconter, **des phrases déclaratives**.

49

## *Cherche encore*

- Que fais-tu donc dans les champs de si bonne heure ?
- Je me promène.

● **Dans ces deux phrases, les personnages parlent.
Explique à quoi sert chacune de ces deux phrases.**

### Faisons le point

Certaines phrases servent à poser des questions : ce sont des **phrases interrogative**s.

D'autres phrases servent à répondre aux questions : ce sont, comme les phrases qui servent à raconter, **des phrases déclaratives**.

# 2- *Les phrases interrogatives*

**TEXTE 2**

Quand Elsa perd une dent, elle va vite la mettre sous l'oreiller et, la nuit, une souris vient la chercher. Depuis la rentrée, Elsa a déjà perdu trois dents. Chaque fois, la souris a emmené la dent, sans dire où elle allait, bien sûr !

- Mais que peut bien faire cette souris avec toutes les dents ? Et que font toutes ces souris avec toutes ces dents qu'elles ramassent chez les gens ? demande Elsa, le lendemain à son papa. Est-ce qu'elles s'en servent pour réparer leurs dents cassées ? Est-ce qu'elles les jettent dans le fossé ?

- Rien de plus simple ! répond papa. Cherche un trou de souris au ras du sol, mets-toi à plat ventre et glisse ton œil par le trou. Tu verras bien ce qui se passe de l'autre côté.

© éditions Milan, Chantal CORROI,
*La Dent d'Elsa, Mille ans de contes, tome 1, 1990.*

## Cherche

● **Dans ce texte, qui pose des questions ?**

● **Relève toutes les phrases interrogatives.**

● *Mais que peut bien faire cette souris avec toutes les dents ?*

◆ Poserais-tu la question de la même façon à un copain ?
◆ Essaie de trouver plusieurs manières de la poser en imaginant chaque fois à qui tu parles.

# Cherche encore

1. Est-ce que les souris se servent de nos dents pour réparer les dents cassées ?
2. Fabriquent-elles des bijoux avec nos dents ?
3. Que font les souris avec toutes ces dents qu'elles ramassent chez les gens ?

● **Lis ces phrases interrogatives à haute voix.**

　◆ Comment les dis-tu ?

● **Comment les reconnais-tu en les regardant ?**

● **Sont-elles toutes construites de la même façon ?**

## Faisons le point

A l'écrit, une phrase interrogative est toujours terminée par **un point d'interrogation (?)**.

Certaines phrases interrogatives commencent par **est-ce que**.

D'autres commencent par un **mot interrogatif** (*que, comment, pourquoi...*).

D'autres encore sont formées en **déplaçant les mots** à l'intérieur de la phrase (*Ils vont au cinéma. Vont-ils au cinéma ?*).

# As-tu bien compris ?

● **Pose les questions qui correspondent aux réponses :**

1. Oui, j'y vais tous les jours.
2. Non, je ne sais pas.
3. Parce qu'il fait trop chaud.
4. Il est dans la cuisine.

# 3 - S'exclamer

Quelle surprise de découvrir à travers le petit trou, de l'autre côté du mur, une véritable ville de souris ! Mais oui ! Derrière le mur de la salle à manger d'Elsa, il y a une véritable ville de souris.
Des dizaines de souris tirent des chariots chargés de dents récoltées sous les oreillers !

© éditions Milan, Chantal CORROI, *La Dent d'Elsa, Mille ans de contes, tome 1, 1990.*

## Cherche

● **Lis ces phrases à haute voix.**

◆ Comment les dis-tu ?

Lorsqu'on dit quelque chose pour montrer son étonnement, sa joie, sa colère, on **s'exclame**.

● **Observe bien ces phrases.**

◆ Par quoi se terminent-elles ?
◆ Sont-elles toutes construites de la même façon ?

## Faisons le point

Les phrases qui servent à s'exclamer s'appellent **des phrases exclamatives**.

A l'écrit, une phrase exclamative se termine par **un point d'exclamation (!)**.

Certaines phrases exclamatives commencent par **un mot exclamatif** (*quelle, comme...*).

## As-tu bien compris ?

● **Oralement, trouve des phrases exclamatives :**

- pour dire que tu es content ;
- pour faire dire à la maîtresse qu'elle est en colère ;
- pour faire dire au loup qu'il a envie d'avaler le petit cochon.

# Tu peux t'exercer

**1** Écris à la fin des phrases s'il s'agit d'une phrase interrogative (*int*), d'une phrase exclamative (*exc*) ou d'une phrase déclarative (*décl*).

1. Est-ce que tu veux un peu de tarte ?
2. Comme cet enfant est beau !
3. Je rentrerai vers 15 heures.
4. As-tu vu ce film ?
5. Quel bruit vous faites !

**2** Dans ce texte, on a mis partout des points à la fin des phrases.
Corrige la ponctuation en mettant des points d'interrogation ou d'exclamation quand il le faut.

Les vacances sont enfin là. Dès demain, je me lève à 10 heures tous les matins. Quel plaisir. Mais où mes parents vont-ils nous emmener. Mystère. L'an dernier, nous avons visité l'équateur. Alors pourquoi pas le pôle Nord.

**3** Transforme les phrases suivantes en phrases interrogatives (tu peux en trouver plusieurs). N'utilise pas toujours la même forme.

1. Les arbres de l'avenue ont perdu leurs feuilles.
2. Les embouteillages seront moins nombreux ce soir.
3. Les enfants couvrent les livres de la bibliothèque.
4. Nous irons à la montagne cet hiver.
5. Vous allez à l'école le samedi matin.

**4** Écris des phrases exclamatives qui commencent par *Aïe ! - Ah ! - Hourra ! - Hélas !*

**5** Voici des réponses à des questions. Trouve les questions.

1. Je vais le voir au mois d'août.
2. Ils sont partis en Corse.
3. Nous lui avons offert un disque.
4. J'ai fait cela pour leur faire plaisir.
5. Nous avons travaillé avec Julie.

## ET MAINTENANT, ÉCRIS

**6** Imagine une série de questions et de réponses entre un élève qui n'a pas appris sa leçon et son maître qui l'interroge.

# Dire le contraire

## 1- Des mots et des phrases de sens contraire

Un jeu qui se joue à deux joueurs.

● **Chaque joueur prépare une liste de mots qui peuvent avoir chacun au moins un mot de sens contraire ;**

par exemple : *grand → petit ; gros → petit* ou *maigre.*

● **Chaque joueur à son tour dit un mot de la liste et l'autre doit trouver un mot de sens contraire.**

Chaque mot trouvé en moins de cinq secondes vaut un point.

Voici maintenant deux phrases de sens contraire :
La nuit tombe lentement. / La nuit tombe rapidement.

### Cherche

● **Compare la construction de ces deux phrases. Qu'est-ce qui en change le sens ?**

> **Faisons le point**
>
> Deux phrases peuvent être de sens contraire parce qu'elles contiennent un mot de sens contraire.

### As-tu bien compris ?

● **Trouve pour chaque phrase une phrase de sens contraire en changeant seulement un mot.**

1. Il chante une chanson triste.
2. Ma sœur a ouvert la porte.
3. Pour le déjeuner, nous avons mangé des tomates cuites.

# 2- *Les phrases négatives*

> Ce chien doit courir tous les jours.

> Ce chien ne doit pas courir tous les jours.

## Cherche

- **Qui a raison de ces deux enfants ?**

    ◆ On ne sait pas, mais l'un des deux enfants a raison et l'autre a tort.

    ◆ Les phrases qu'ils disent sont de sens contraire.

- **Compare la construction de ces deux phrases.**

    ◆ Qu'est-ce qui en change le sens ?

### Faisons le point

*Ce chien ne doit pas courir tous les jours* est une phrase **négative**. Elle signifie le contraire de *Ce chien doit courir tous les jours* qui est une phrase **affirmative**.

Pour construire une phrase négative, on ajoute quelque chose à la phrase affirmative : ici, on a ajouté *ne ... pas*.

## As-tu bien compris ?

- **Voici des phrases de sens contraire classées dans deux colonnes.**
  **Relie chaque phrase à son contraire (il peut y avoir plusieurs possibilités).**

Ce canard est un mâle.

Le cerisier est mort.

Ma chemise est sale.

Julien écrit bien.

J'ai envie de jouer.

Julien écrit mal.
Ma chemise est propre.
Ce canard n'est pas un mâle.
Le cerisier n'est pas mort.
Ce canard est une femelle.
Je n'ai pas envie de jouer.
Le cerisier est vivant.
Ma chemise n'est pas sale.
Julien n'écrit pas bien.

# 3- Différentes phrases négatives

1. Mon frère **ne** pense **pas** à se brosser les dents avant d'aller se coucher.

2. Mon frère **ne** pense **jamais** à se brosser les dents avant d'aller se coucher.

3. Mon frère **ne** pense **plus** à se brosser les dents avant d'aller se coucher.

## Cherche

● **Ces phrases négatives ont-elles toutes le même sens ?**

● **Quels mots marquent la négation ?**

● **Transforme ces phrases en phrases affirmatives.**

## As-tu bien compris ?

● **Trouve la phrase négative qui correspond à la phrase affirmative.**

1. Il est parti tôt ce matin.
2. Nous faisons toujours du bateau au mois de juillet.
3. Il y a encore de l'eau dans la bouteille.

57

# Tu peux t'exercer

**1** Recopie seulement les phrases à la forme négative.

1. Il ne veut pas entrer.
2. Il refuse de manger.
3. Il ne peut rien lui arriver.
4. Maman ne sort jamais sans son sac.
5. On aperçoit le sommet du Mont-Blanc.

**2** Récris ce texte en disant le contraire.

Lorsqu'ils étaient enfants, nos grands-parents :
- avaient la télévision chez eux ;
- possédaient un ordinateur ;
- prenaient souvent l'avion ;
- faisaient leurs divisions avec une calculatrice.

**3** Mets les phrases à la forme négative (tu peux trouver parfois deux phrases différentes).

1. Valérie se coiffe toujours avant de partir.
2. De ma fenêtre, je vois beaucoup de choses.
3. J'entends encore le bruit de la rue.
4. Nous avons déjà dîné.

**4** Réponds aux questions en commençant par « Non ».

1. Veux-tu me prêter ton ballon ?
2. Avez-vous envie de voir ce film ?
3. Ta maman est-elle ici ?
4. Irez-vous encore en Normandie cette année ?

**5** Transforme les phrases négatives en phrases affirmatives.

1. Il n'a pas plu cette semaine.
2. Il ne faudra pas aller au supermarché aujourd'hui.
3. Nous ne terminerons pas ce travail ce soir.
4. Tu ne dois absolument pas téléphoner à Pierre.
5. Les rues de la ville ne sont pas lavées tous les matins.

## ET MAINTENANT, ÉCRIS

**6** Le gardien du muséum d'Histoire naturelle est inquiet pour sa collection d'animaux empaillés et de plantes rares. Aide-le à préparer des panneaux d'interdiction qu'il mettra de place en place pour les protéger. Essaie de trouver des phrases négatives avec des verbes différents.

# 12 Pourquoi des chapitres et des paragraphes ?

## 1- *Un livre est souvent partagé en chapitres*

### Cherche

● **Tourne une à une les pages de ton livre de grammaire et observe comment il se présente.**

● **Tu veux maintenant retrouver la leçon intitulée « La phrase en deux morceaux ». Comment t'y prends-tu ?**

◆ Où trouves-tu le titre de cette leçon ?

◆ Comment trouves-tu la page de cette leçon ?

◆ Quel est selon toi le moyen le plus rapide pour trouver cette leçon ?

### Faisons le point

Un manuel scolaire est formé de chapitres.

Chaque chapitre est annoncé par son titre.

On trouve le titre en début de chapitre ainsi que dans le sommaire.

Dans le sommaire est également indiqué le numéro de la première page de la leçon, et le numéro du chapitre.

## As-tu bien compris ?

● **Cherche dans ton manuel de grammaire les leçons suivantes :**

La phrase en trois morceaux.
Genre et nombre du nom.
Conjuguer l'imparfait.
Reconnaître le verbe dans la phrase.

## Cherche encore *(travail de groupes)*

● **Procurez-vous quelques livres de la « BCD » (documentaires, romans...) et observez comment ils sont faits.**

◆ Y a-t-il des chapitres ?

◆ Ont-ils un titre ?

◆ Y a-t-il un sommaire ou une table des matières ?

◆ Les titres inscrits dans le sommaire ou la table des matières sont-ils suivis du numéro de la page ?

# 2- Un chapitre est formé de paragraphes

## Cherche

● **Observe le chapitre 9 de ton livre de grammaire. Peux-tu, sans le lire, voir comment il est organisé ?**

- ◆ A quoi correspondent les numéros 1, 2, 3 ?
- ◆ Pourquoi les titres qui suivent ces numéros sont-ils en gras ?
- ◆ Pourquoi certaines parties sont-elles encadrées ?
- ◆ Quand va-t-on à la ligne ?

### Faisons le point

Dans un manuel scolaire, les chapitres sont partagés en paragraphes.

Les paragraphes sont souvent numérotés. Ils ont chacun un titre.

● **Observe maintenant ce texte.**

Un beau matin, le Vol-au-vent entra dans le port. La fanfare municipale, rangée sur le quai, attaqua une marche de bienvenue. Tous les habitants s'étaient rangés pour assister à l'arrivée de Sa Majesté Ephraïm I$^{er}$ Brindacier.

Fifi était tellement heureuse qu'elle ne tenait plus en place. Elle courut à la rencontre de son père en poussant des cris de joie. Tommy et Annika étaient, eux aussi, venus accueillir le capitaine Brindacier. Ils étaient encore bien pâlots. C'était la première fois qu'ils avaient la permission de sortir.

Astrid LINDGREN, *Fifi princesse*,
Le Livre de Poche Jeunesse, éditions Hachette.

## Cherche encore

● **Combien y a-t-il de paragraphes dans ce texte ?**

- ◆ Comment vois-tu qu'il s'agit de paragraphes ?
- ◆ Pourquoi l'auteur a-t-il fait des paragraphes là où il les a faits.

# Tu peux t'exercer

**1** Combien y a-t-il de chapitres dans ton livre de grammaire ?
Quel est le titre du chapitre 3 ?
A quelle page commence le chapitre 5 ?
Combien de pages fait le chapitre 4 ?
Quel est le titre des différents paragraphes du chapitre 10 ?

**2** Les paragraphes de ce texte sont en désordre. Rétablis l'ordre qui permettra au lecteur de comprendre l'histoire.

Un singe qui était juge, les écouta tous deux. Le Loup accusait le Renard de lui avoir volé une grande quantité de nourriture. L'autre jurait que c'était faux.

– Loup, dit le Singe, je te condamne à payer cent pièces d'or parce que tu demandes au Renard ce qu'il ne t'a point pris. Quant à toi, Renard, tu paieras la même amende car tu refuses de rendre ce que tu as volé.

Le Singe les connaissait bien et savait de quoi ils étaient capables. Comme il lui était difficile de savoir lequel était coupable, il supposa que tous les deux mentaient. Il imposa silence et prononça sa sentence :

Un Loup se disputait avec un Renard. Comme il ne parvenait pas à s'entendre avec lui, il décida de l'attaquer en justice.

D'après Jean Muzi,
*Dix-neuf fables de singes,
Le Singe, le Renard et le Loup,*
Castor Poche, Flammarion.

**3** Lis ce texte en disant chaque fois où il faut aller à la ligne.

On vit arriver une troupe de gens qui criaient et qui chantaient. On découvrit qu'ils étaient fous ou du moins quelque peu bizarres. Le premier trottait sur un cheval... Il était coiffé d'un bonnet de fou orné de grelots : c'était un fou d'échecs ! Le deuxième était fou d'amour ; des cœurs tournaient autour de sa tête. Il avait les yeux qui dansaient et brillaient... Le troisième était gros, énorme, volumineux, gigantesque ! Il était couvert de taches de chocolat, de crème chantilly... C'était un fou de gourmandise ! Le quatrième était lent comme un escargot ; il dormait debout. Il avait un oreiller sur le dos. C'était un fou de paresse !

D'après *Les Contes de la nef des fous,*
DR.

# 13

# Pourquoi des signes de ponctuation ?

## 1- *Pour comprendre un texte*

**TEXTE 1**

Génia ouvrit et aperçut sur le seuil un petit singe coiffé d'un bonnet mauve et habillé d'un survêtement rouge
Bonsoir lui dit le crocodile entrez
Le singe pénétra dans la pièce sans mot dire et prit place sur la chaise réservée aux visiteurs
Vous venez sans doute pour vous faire des amis
Oui fit le visiteur de la tête sans ouvrir la bouche comme si celle-ci avait été remplie de purée ou de balles de ping-pong
Génia réfléchit un instant puis demanda carrément
Vous ne savez sans doute pas parler.

## Cherche

● **Lis ce texte silencieusement puis à haute voix.**

◆ Que lui manque-t-il pour rendre la lecture plus facile ?

## Faisons le point

Dans un texte, les phrases sont séparées par des signes de ponctuation.

**TEXTE 2**

**G**énia ouvrit et aperçut sur le seuil un petit singe coiffé d'un bonnet mauve et habillé d'un survêtement rouge.

« Bonsoir, lui dit le crocodile. Entrez ! »

Le singe pénétra dans la pièce sans mot dire et prit place sur la chaise réservée aux visiteurs.

« Vous venez sans doute pour vous faire des amis ? »

« Oui », fit le visiteur de la tête sans ouvrir la bouche, comme si celle-ci avait été remplie de purée ou de balles de ping-pong.

Génia réfléchit un instant, puis demanda carrément :

« Vous ne savez sans doute pas parler ? »

Edouard OUSPENSKI,
*Le Crocodile Génia et ses amis*, Castor Poche, Flammarion.

## Cherche encore

● **Pourquoi y a-t-il des majuscules dans ce texte ?**

● **Relève les signes de ponctuation.**

◆ A quoi servent-ils ?

## Faisons le point

Toutes les phrases ne se terminent pas par le même signe de ponctuation :

- les phrases déclaratives se terminent par un **point** (.) : *Le singe pénétra dans la pièce sans mot dire et prit place sur un fauteuil.*

- les phrases interrogatives se terminent par un **point d'interrogation** (?) : *Vous ne savez sans doute pas parler ?*

- les phrases exclamatives se terminent par un **point d'exclamation** (!) : *Entrez !*

# 2- *Pour comprendre une phrase*

**TEXTE 3**

Singe commence par s'asseoir inspecte sa fourrure. Il en a pour une bonne minute et soudain hop ! il saute sur le toit attrape un insecte le gobe redescend. Avoir l'air occupé avoir l'air occupé. Il trouve une pierre et la fait rouler en avant en arrière en avant. Mais il se lasse vite à ce jeu et se saisit d'un bâton pour taper sur la pierre en cadence.

D'après Ashley BRYAN,
*Contes d'Afrique Noire, Le Bœuf aux cornes magiques,*
Castor Poche, Flammarion.

## *Cherche*

● **Lis ce texte à haute voix.**

◆ Comme tu l'as remarqué, les phrases se terminent par un point et commencent par une majuscule.

◆ Pourtant, ce texte est-il facile à lire ? Pourquoi ?

## Faisons le point

A l'intérieur des phrases, les virgules aident à une meilleure compréhension en séparant les groupes de mots.

# Tu peux t'exercer

**1** Mets les points et les majuscules pour séparer les phrases de ce texte.

alors le Grand-Sage lui expliqua comment devenir immortel le Singe écouta attentivement, remercia en s'inclinant et se retira dès le lendemain, il mit en pratique ce qu'il venait d'apprendre au bout d'une année, il réussit à devenir immortel il en informa le maître et lui demanda l'autorisation de retourner vivre parmi son peuple le Grand-Sage accepta

D'après Jean MUSI,
*Dix-neuf fables de singes*,
Castor Poche, Flammarion.

**2** Place à la fin des phrases un point, un point d'exclamation ou un point d'interrogation.

Loïc court dans tous les sens Il court même si bien qu'il s'emmêle les pieds dans un cordage et qu'il s'étale de tout son long en laissant échapper la cafetière A ce moment, il entend la voix furieuse d'Yvon : « Tu ne peux pas faire attention, non Tu crois qu'on a assez de café pour en gaspiller Allez, dépêche-toi d'aller en rechercher »
Loïc se lève tout endolori Il n'a qu'à obéir en vitesse

D'après Catherine de LASA,
*Loïc petit mousse*,
J'aime lire, Bayard Presse Jeune.

**3** Place les virgules dans ce texte.

Mungalo ne se dorlotait pas ne se préoccupait guère de lui-même. Ce monde qu'il découvrait le passionnait bien trop. Il ne s'apercevait même pas que ses vêtements s'élimaient qu'ils se couvraient de la poussière des chemins. Tout ce qui lui manquait de temps à autre et de plus en plus souvent c'était un peu de compagnie quelqu'un à qui parler. Aussi un soir avisant une maison au fond d'un champ il décida de s'y arrêter et s'en fut frapper à la porte.

D'après Ashley BRYAN, *Contes d'Afrique Noire, Le bœuf aux cornes magiques*,
Castor Poche, Flammarion.

# 14 La phrase en deux morceaux

## 1- *Les groupes de la phrase*

1. Mon amie joue aux billes.

Dans cette phrase on parle de *Mon amie* et on dit d'elle qu'elle *joue aux billes*.

On pourrait dire aussi **C'est** *mon amie* **qui** *joue aux billes*.

### Cherche

● **Pourrais-tu mettre d'autres mots de la phrase entre** *C'est* **et** *qui* **?**

◆ Ce groupe qui peut être mis entre *C'est* et *qui* est **le groupe sujet**.

● **Trouve le verbe de la phrase. Où est-il ?**

◆ Le deuxième groupe de la phrase, celui qui contient le verbe, est **le groupe verbal**.

### Faisons le point

Presque toutes les phrases sont formées d'un groupe sujet et d'un groupe verbal.

On reconnaît le groupe sujet parce qu'il peut être mis entre *c'est* et *qui*.

Le groupe verbal est placé après *qui*.

# 2- Le groupe sujet

2. Stéphane fait d'interminables parties de billes.

Tu sais trouver dans cette phrase le groupe sujet et le groupe verbal : C'est *Stéphane* qui *fait d'interminables parties de billes.*

## Cherche

● **Observe maintenant ces phrases et classe-les dans un tableau en séparant le groupe sujet et le groupe verbal.**

3. Le garçon fait d'interminables parties de billes.

4. Il fait d'interminables parties de billes.

5. Le fils de ma voisine fait d'interminables parties de billes.

6. Le petit garçon que j'ai vu hier fait d'interminables parties de billes.

| groupe sujet | groupe verbal |
|---|---|
| *Stéphane* | *fait d'interminables parties de billes* |
| *Le garçon* | |

◆ Que remarques-tu ?

## Faisons le point

Dans une phrase, on peut remplacer le groupe sujet par un autre groupe sujet.

Le groupe sujet peut être formé d'un seul mot ou d'un groupe de mots.

## As-tu bien compris ?

● **Pour chacune de ces phrases, trouve le groupe sujet et le groupe verbal.**

● **Remplace le groupe sujet de chaque phrase par d'autres groupes sujets.**

1. Le petit frère de Sylvie a la rougeole.

2. Flore-Marie aime beaucoup les champignons.

3. Les voisins de ma grand-mère ont un beau cheval.

4. Monsieur et Madame Crochut sont partis en voyage.

5. La porte que le menuisier a faite est en bois de chêne.

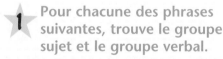

# Tu peux t'exercer

**1** Pour chacune des phrases suivantes, trouve le groupe sujet et le groupe verbal.

1. Marie joue de la flûte.
2. Le petit garçon qui est assis là-bas parle chinois.
3. Elle a deux frères.
4. Christophe et Jean-Pierre habitent la maison d'en face.
5. La chatte de ma tante a fait six petits chatons.

**2** Dans les phrases suivantes, remplace le groupe sujet par d'autres groupes sujet sans changer le groupe verbal.

1. Bryan n'aime pas les épinards.
2. Il a attrapé beaucoup de poissons.
3. Les enfants ont fini leurs devoirs.
4. La maman de Pierre a fait des crêpes.
5. Audrey et sa sœur sont allées à la plage.

**3** Complète les phrases suivantes en trouvant pour chacune d'elle un groupe sujet.

1. ... a perdu son parapluie.
2. ... ont mangé toute la tarte.
3. ... ne pleure jamais.
4. ... avons acheté pour Éric des lunettes de soleil.
5. ... vont à la foire le dimanche.

**4** Voici un texte :

Olivier et Émile jouent aux billes. Ils se lancent dans la partie. Émile met en jeu ses plus beaux calots. Tous les enfants entourent les joueurs. Chacun encourage son favori. Le gagnant de la partie repartira les poches pleines.

Écris un autre texte en remplaçant le groupe sujet de chaque phrase par un autre groupe sujet.
Tu peux changer un peu le sens de la phrase mais le texte doit raconter la même histoire.

**5** Récris les phrases en mettant le verbe avant le sujet.

1. Dans le grenier, des chauves-souris se sont installées.
2. Le président demande :
« Un peu de silence. »
3. A l'horizon, un bateau vogue.
4. Les invités ont crié :
« Vive la mariée ! »

# 15 La phrase en trois morceaux

## 1- *Trois groupes dans la phrase*

**TEXTE 1**

*I*l était une fois une vieille reine...
Son mari était mort depuis bien longtemps. Cette vieille reine avait une fort jolie fille. Lorsque celle-ci fut devenue grande, elle fut promise au fils d'un roi. Quelques jours avant le mariage, la reine prépara les objets les plus précieux. Elle déposa des bijoux, de l'or et de l'argent dans une grande malle. Ensuite, elle ferma la malle.

**TEXTE 2**

*I*l était une fois une vieille reine...
Son mari était mort. Cette vieille reine avait une fort jolie fille. Elle fut promise au fils d'un roi. La reine prépara les objets les plus précieux. Elle déposa des bijoux, de l'or et de l'argent. Elle ferma la malle.

## Cherche

● **Observe les deux phrases :**

Son mari était mort.
Son mari était mort depuis longtemps.

◆ Tu sais que la première est en deux morceaux :

| Son mari | était mort |
|----------|------------|
| groupe sujet | groupe verbal |

◆ Compare cette phrase à la deuxième.

| Son mari | était mort | depuis bien longtemps |
|----------|-----------|----------------------|
| groupe sujet | groupe verbal | autre groupe |

● **Pourquoi la phrase est-elle cette fois coupée
en trois parties ?**

● **Qu'est-ce que le troisième groupe apporte à la phrase ?**

## Cherche encore

● **Essaie maintenant de faire le même travail
en comparant deux par deux les autres phrases
du texte 1 et du texte 2.**

◆ Peux-tu couper en trois parties toutes les phrases du texte 1 ?
Pourquoi ?

### Faisons le point

Certaines phrases sont formées de deux groupes : le groupe
sujet et le groupe verbal ; d'autres sont formées de trois
groupes.

## As-tu bien compris ?

● **Complète le tableau :**

| Phrases en deux morceaux | Phrases en trois morceaux |
|--------------------------|---------------------------|
| Les livres sont rangés. | Les livres sont rangés dans l'armoire. |
| Antoine a trouvé un petit chat noir. | |
| | Maman fera des crêpes dimanche. |
| Mme Arthur a acheté des cerises. | |
| | Pendant les vacances, j'irai à la montagne. |

# 2- *Le groupe déplaçable*

La couche de neige était
très épaisse dans la cour.

## Cherche

● **Cette phrase est formée de trois groupes : trouve-les.**

| groupe sujet | groupe verbal | autre groupe |
|---|---|---|
|  |  |  |

● **Essaie de trouver une nouvelle phrase en changeant l'ordre des groupes. Quel groupe peux-tu déplacer ? Y a-t-il plusieurs possibilités ?**

### Faisons le point

Dans une phrase, le groupe qui n'est ni le groupe sujet ni le groupe verbal peut être déplacé.

Nous appellerons ce groupe **groupe déplaçable**.

## Cherche encore

La couche de neige était très épaisse dans la cour.
Le lendemain, la couche de neige était très épaisse dans la cour.

● **Compare ces deux phrases. Tu as trouvé dans la première un groupe déplaçable. Et dans la seconde ?**

Dans une phrase, on peut trouver plusieurs groupes déplaçables.

## Attention !

Voici quelques phrases que tu viens sans doute de trouver :

- Le lendemain, la couche de neige
  était très épaisse dans la cour.
- Dans la cour, la couche de neige
  était très épaisse le lendemain.
- Le lendemain, dans la cour,
  la couche de neige était très épaisse.

● **Les trois phrases ont-elles exactement le même sens ?**

● **Que remarques-tu après les groupes déplaçables lorsqu'ils sont au début de la phrase ?**

## As-tu bien compris ?

● **Y a-t-il des groupes déplaçables dans les phrases suivantes ?**

● **Souligne-les. Écris les nouvelles phrases que tu trouves en les déplaçant (attention à la virgule !).**

1. Dans la rue, les gens se bousculent.
2. Quand je serai grand, je serai pilote.
3. Aude n'aime pas du tout jouer au ballon.
4. La maîtresse racontera une histoire demain si tout le monde est sage.
5. Les roses que vous m'avez apportées la semaine dernière sont encore très belles.

# Tu peux t'exercer

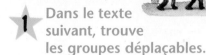

**1** Dans le texte suivant, trouve les groupes déplaçables.

Un bûcheron et sa femme habitaient une cabane au milieu des bois. Ils étaient très pauvres. Ils avaient abandonné leurs enfants dans la forêt. Depuis ce jour-là, ils pleuraient nuit et jour. Ils ne parlaient plus à personne. Ils étaient malheureux.

**2** Complète les phrases suivantes en ajoutant un ou plusieurs groupes déplaçables.

1. Les enfants jouent au ballon.
2. Les voisins ont un nouveau chien.
3. Nous irons au bord du lac.
4. Le vent secoue les arbres.
5. Tout le monde prépare la kermesse.

**3** Supprime les groupes déplaçables des phrases.

1. Dès qu'il fait jour, les rues de la ville deviennent bruyantes.
2. J'ai retrouvé ma poupée dans le grenier.
3. Dans les déserts, la plus petite goutte de pluie est précieuse.
4. Maman m'a tricoté un pull-over pour l'hiver.
5. L'été dernier, nous avons visité la Corse au mois de juillet.

**4** Fabrique de nouvelles phrases en déplaçant les groupes déplaçables des phrases suivantes :

1. La semaine dernière, nous sommes allés ' au marché campagnard.
2. J'ai trouvé une poupée au fond du placard.
3. Tous les dimanches, la piscine reste ouverte à midi.
4. Quand tu auras fini de manger, tu pourras aller dans le jardin.
5. Toute la matinée, Audrey a préparé des tartes avec sa maman.

**5** Dans ce texte, on a toujours mis les groupes déplaçables à la fin des phrases.
Change leur place quand tu penses que c'est nécessaire pour que le texte soit mieux écrit.

Albéric a dormi chez ses grands-parents. Il s'est levé de bonne humeur ce matin. Il s'est habillé à peine levé. Sa grand-mère préparait le petit déjeuner dans la cuisine quand il est descendu. Albéric a déjeuné rapidement. Il est descendu dans le jardin ensuite pour aller voir si les cerises étaient mûres. Il a vu un merle de loin dans le cerisier. Que faisait-il là ? Albéric s'est approché. Le merle s'est envolé aussitôt.

# 16 Le verbe s'accorde avec le groupe sujet

## 1- Comment s'accorde le verbe

1. La maîtresse surveille les enfants.
2. Les maîtresses surveillent les enfants.

### Cherche

● **Dans chacune de ces deux phrases, trouve le groupe sujet et le groupe verbal.**

● **De combien de personnes parle-t-on dans la phrase 1 ? Et dans la phrase 2 ?**

● **Dans les deux phrases :**
   **- le groupe sujet est-il le même ?**
   **- le verbe s'écrit-il de la même façon ? Pourquoi ?**

### Faisons le point

Dans une phrase :
- le verbe est au singulier quand le groupe sujet est au singulier ;
- le verbe est au pluriel quand le groupe sujet est au pluriel.
On dit que le verbe s'accorde avec le groupe sujet.

### As-tu bien compris ?

● **Relie le groupe sujet au groupe verbal qui correspond :**

| | |
|---|---|
| la pluie | cache la lune |
| les arbres | tombent |
| les feuilles | tombe depuis ce matin |
| un nuage | cachent la lune |

# 2- Un pluriel particulier

1. Paul joue au football.
2. Sophie joue au football.

## Cherche

● **Trouve dans ces deux phrases
le groupe sujet et le groupe verbal.**

● **Observe maintenant la phrase 3 :**

3. Paul et Sophie jouent au football.

   ◆ Comment est-elle formée ?

● **Trouve dans cette phrase le groupe sujet :**
   *C'est … qui …*

   ◆ Comment est-il formé ? Combien de personnes sont désignées dans ce sujet ?
   ◆ On pourrait remplacer *Paul et Sophie* par *les enfants*. On peut dire que *Paul et Sophie* est un sujet « pluriel » ; le verbe *jouent* est aussi au pluriel.

### Faisons le point

Un groupe sujet formé en ajoutant plusieurs groupes est un sujet pluriel. Lorsque le sujet est pluriel, le verbe est aussi au pluriel.

## As-tu bien compris ?

● **Remplace chaque paire de phrases par une seule phrase.**

1. Jacques Prévert est un poète. Victor Hugo est un poète.
2. Julie joue du piano. Paul joue du piano.
3. Maud a les cheveux blonds. Anne-Sophie a les cheveux blonds.
4. Macha va à l'école. Julien va à l'école.

# 3- Un sujet pour plusieurs verbes

**TEXTE 1**

Dans les villes les voitures roulent. Les voitures s'arrêtent souvent. Les voitures redémarrent pour quelques mètres. Les voitures se faufilent parfois. Et les voitures polluent l'air que nous respirons.

**TEXTE 2**

Dans les villes les voitures roulent, s'arrêtent souvent, redémarrent pour quelques mètres, se faufilent parfois, et polluent l'air que nous respirons.

## Cherche

● **Lis ces deux textes : ont-ils le même sens ?**

● **Quelles différences remarques-tu entre eux ?
Compte les phrases dans chaque texte, essaie
de trouver le groupe sujet et le groupe verbal.**

> ### Faisons le point
>
> Un même groupe peut être sujet de plusieurs verbes diffé-
> rents. Dans ce cas, on ne répète pas le groupe mais les
> verbes s'accordent tous avec le sujet, ils sont tous au pluriel
> si le sujet est pluriel.

## As-tu bien compris ?

● **Complète les phrases suivantes en conjuguant au présent les verbes qui te sont donnés entre parenthèses :**

Il y a bien longtemps vivait au Japon un moine nommé
Kogi. Or, un soir, il se .... (coucher), .... (fermer) les yeux
et meurt.
Ses amis .... (s'assembler) autour de son lit, se ....
(pencher) sur son corps, .... (pleurer), se .... (lamenter).

D'après Henri GOUGAUD,
*L'Arbre à soleil, légendes,* éditions du Seuil.

# Tu peux t'exercer

**1** Donne à chaque phrase son groupe sujet :
*nous - madame Dubois - elle - vous - les parents.*

1. ... attendent leurs enfants à la sortie de l'école.
2. ... referme la porte d'un coup sec et ... tire le verrou.
3. Lorsque Paul nous a appelés, ... avons fait la sourde oreille.
4. Si le temps le permet, ... partirez la semaine prochaine.

**2** Trouve le groupe sujet.

1. ... est pleine d'instruments de musique.
2. A quatre heures du matin, ... est venu le chercher.
3. ... lisent le journal tous les jours.
4. Lorsque ... appuies sur le bouton, ... s'ouvre.
5. ... avez terminé ce travail très vite.

**3** Écris le verbe au présent et accorde-le avec le groupe sujet.

Lorsque je (aller) chez ma grand-mère, je (retrouver) mes cousins. Nous (être) heureux de nous revoir. Ils (être) trois enfants dans la famille et je les (aimer) beaucoup. Nous (jouer) dans le petit bois que l'on (voir) derrière la maison. Nous (faire) des cabanes, nous nous y (installer) pour faire des parties de cartes. Je (regarder) les oiseaux et nous (voir) parfois des chevreuils.

**4** Relie le groupe sujet au groupe verbal en respectant les accords.

| | |
|---|---|
| Nous | ont joué au tennis. |
| Ma sœur | préfères la tarte. |
| Les chiens | avançons vite. |
| Vous | termine sa lecture. |
| Tu | courent. |
| Marc et Jo | ira où tu voudras. |
| On | avez bonne mine. |

**5** Récris ces phrases en mettant le groupe sujet au pluriel.

1. La voiture roule lentement.
2. Je fais une partie de Monopoly avec Alain.
3. La maison est là, à deux pas de la mairie.
4. Il voit passer le défilé de sa fenêtre.

## ET MAINTENANT, ÉCRIS

**6** Récris ce texte en remplaçant *le ver* par *les vers* et en faisant les accords.

Pendant la dernière semaine, le ver à soie consomme plus que pendant les quatre premiers âges. C'est le temps de la grande frèze où le ver ne fait que manger.
Le ver semble tenir la feuille avec ses « pattes de devant ». Il l'attaque avec ses mandibules par la tranche.
Lorsque le ver est assez gros, on entend le bruit.

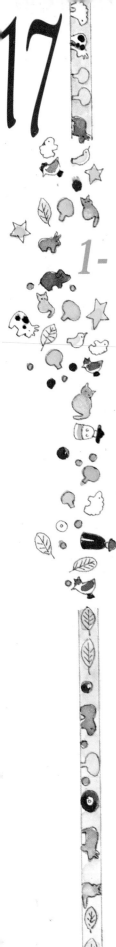

# 17 Encore d'autres sujets du verbe
## les pronoms personnels

### 1- Un sujet peut en remplacer un autre

**PHRASE 1 -** Les tortues plongent dans l'aquarium.

**PHRASE 2 -** Elles plongent dans l'aquarium.

## Cherche

● **Oralement : trouve dans la phrase 1 le groupe sujet et le groupe verbal.**

● **Compare la phrase 2 à la phrase 1 : par quoi est remplacé le groupe de mots *les tortues* dans la phrase 2 ?**

Ce mot *elles* que tu connais déjà est un **pronom personnel.**

● **Trouve dans la phrase 2 le groupe sujet et le groupe verbal.**

### Faisons le point

Dans une phrase, le pronom personnel qui remplace le groupe sujet est aussi un sujet.

On dit que c'est un **pronom personnel sujet.**

## As-tu bien compris ?

● **Remplace le groupe sujet souligné par un pronom personnel sujet.**

1. <u>Julien</u> mange des fraises.
2. <u>Les dinosaures</u> vivaient au temps de la préhistoire.
3. <u>Trois garçons</u> jouent dans le jardin.

# 2- D'autres pronoms personnels sujets

Quelqu'un parle de Julie et dit :

1. Elle fait du théâtre tous les vendredis.

Si maintenant Julie parle d'elle, elle dira :

2. Je fais du théâtre tous les vendredis.

## Cherche

● **Dans la phrase 1, souligne le groupe sujet et encadre le groupe verbal.**

● **Compare la phrase 1 et la phrase 2. Qu'est-ce qui change ?**

Dans la phrase 2, *Je* est pronom personnel sujet.

## Cherche encore

● **Et dans ces phrases, peux-tu découvrir le pronom personnel sujet ?**

3. Tu vas à la piscine tous les dimanches.
4. Nous aimons jouer au football.
5. Vous avez peur du loup.
6. On a souvent besoin d'un plus petit que soi.

### Faisons le point

Tous les pronoms personnels de conjugaison sont des pronoms personnels sujets.

## As-tu bien compris ?

● **Trouve le pronom personnel sujet dans ces phrases :**

1. ............. mangez des crêpes au chocolat.
2. Pour les vacances, ..... sommes allés au bord de la mer.
3. L'hiver, ................ vont à la montagne chaque année.

# 3- *Le verbe s'accorde avec le pronom personnel sujet*

1. Elle mange des mouches.
2. Elles mangent des mouches.

● **Trouve le groupe sujet et le groupe verbal dans ces phrases.**

● **Comment s'écrit le verbe ? Pourquoi ?**

## Faisons le point

Dans une phrase, lorsque le groupe sujet est un pronom personnel, le verbe s'accorde avec ce pronom personnel.

## *As-tu bien compris ?*

● **Relie le verbe à son pronom personnel sujet (il peut y avoir plusieurs possibilités) :**

| | |
|---|---|
| Je | allons |
| Tu | faites |
| Il | pleurent |
| Nous | saute |
| Vous | grandis |
| Elles | danses |

# Tu peux t'exercer

**1** Remplace le groupe sujet souligné par un pronom personnel.

1. Marie-Laure est la maman de Jonathan.
2. Anne-Sophie et Maud sont des amies inséparables.
3. Tous les ans, monsieur Dubois prépare le repas pour la kermesse de l'école.
4. Paul et sa sœur ont fêté leur anniversaire ensemble.
5. Les chiens aboient dès que quelqu'un passe dans la rue.

**2** Utilise des pronoms personnels sujets pour éviter les répétitions.

1. Les souris ont envahi la cave. Les souris ont grignoté la nourriture qui s'y trouvait.
2. Le taxi a traversé la ville très vite ; le taxi nous a amenés à l'heure à la gare.
3. Jean et François sont partis en forêt. J'espère que Jean et François nous rapporteront des champignons.
4. Hélène et sa fille sont en voyage. Hélène et sa fille veulent visiter le Mexique. S'il leur reste du temps, Hélène et sa fille iront jusqu'au Guatemala.

**3** Complète avec des pronoms personnels sujets.

Chers parents,
... sommes maintenant au bord d'un lac. Marc se baigne tous les jours, ... n'est vraiment pas frileux. ... suis beaucoup moins courageuse et ... hésite beaucoup à prendre mon bain quotidien. Si ... allez à Culan comme prévu, ... devez absolument passer par là, ... serez bien reçus. ... faisons du sport tous les jours et ... utilisons nos bicyclettes pour tous nos déplacements. ... vous attendons avec impatience.

Guillaume.

**4** Mets les verbes au présent, accorde-les avec le groupe sujet.

1. Les coureurs (franchir) la ligne d'arrivée et les spectateurs (applaudir).
2. Tu (voir) le jour se lever et tu (aller) travailler au jardin.
3. Vous nous (faire) la surprise de votre visite.
4. Nous (être) rassurés de recevoir une lettre.
5. Elle (avoir) envie de revoir son pays.

**5** Remplace le groupe sujet souligné par un pronom personnel et mets les verbes au présent.

1. Didier et Nicolas (aller) à la plage.
2. Didier et Jacqueline (faire) des châteaux de sable.
3. Didier et moi (voir) les bateaux au large.
4. Didier et toi (être) en train de nager.

# 18 Le groupe nominal

## 1- Reconnaître le nom

## Cherche

● **Trouve :**

◆ cinq mots qui désignent une personne ;
◆ cinq mots qui désignent une chose ;
◆ cinq mots qui désignent un animal ;
◆ cinq mots qui désignent un mois de l'année ;
◆ cinq mots qui désignent une maladie.

Tous ces mots qui servent à désigner s'appellent des **noms** : *pomme, France, cheval, Mireille, amitié...* sont des noms.

## As-tu bien compris ?

● **Voici une liste de mots ; recopie seulement ceux qui sont des noms :**
*lion ; regarder ; tomate ; gentillesse ; réfrigérateur ; loin ; village ; porte ; certainement ; pommier.*

# 2- Le nom et le déterminant

Assis devant **la table**, **Rémi** essaie de terminer **un puzzle**. Il choisit soigneusement **ses pièces**, il regroupe **les couleurs**, il pose **une pièce** ici, une autre là. Il lui faudra encore **des heures** avant de terminer. Heureusement, **ce soir**, **Julien** viendra l'aider.

## Cherche

● **Dans ce texte, relève tous les mots et les groupes de mots en caractères gras. Que reconnais-tu ?**

● **Comment sont formés les groupes en caractères gras ?**

● **Peut-on supprimer les petits mots placés devant le nom ?**

Ces mots qui sont avant le nom et que l'on ne peut pas supprimer sont des **déterminants**.

Un nom et un déterminant forment **un groupe nominal**. Certains noms n'ont pas besoin de déterminant, par exemple : *Julien*.

# 3- *Le groupe nominal*

1. <u>une tomate</u>
2. <u>une</u> grosse <u>tomate</u>
3. <u>une</u> grosse <u>tomate</u> bien mûre

Dans le groupe 1, tu reconnais un nom (*tomate*) et
un déterminant (*un*) : tu sais donc que c'est un groupe nominal.

## Cherche

● **Observe les groupes 2 et 3 :
quels sont les mots soulignés ?**

● **Quelles différences y a-t-il entre
les groupes de mots 1, 2 et 3 ?**

● **Pourquoi a-t-on ajouté des mots ?**

Tous ces groupes de mots sont des groupes nominaux
car ils contiennent un nom.

### Faisons le point

Un groupe nominal peut être formé :
- d'un nom seul : *Julien* ;
- d'un nom précédé d'un déterminant : *une tomate* ;
- d'un nom précédé d'un déterminant et accompagné
  d'autres groupes de mots : *une grosse tomate bien mûre.*

## Attention
On dit « un groupe nominal » et « des groupes nominaux ».

## As-tu bien compris ?

● **Recopie seulement les groupes nominaux :**
   *j'arrive ; le ciel bleu ; la petite poule rousse ; Asterix ;
   une longue journée ; il dort profondément.*

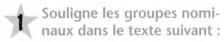

# Tu peux t'exercer

**1** Souligne les groupes nominaux dans le texte suivant :

LES SURPRISES DE LA NUIT

Les Japonais racontent que le Fuji-Yama est une haute montagne qui est sortie de terre en une seule nuit.

Chez nous, c'est la petite souris qui passe pendant la nuit pour mettre une pièce sous l'oreiller et emporter les dents de lait.

Le Père Noël fait sa tournée la nuit et remplit les souliers.

D'après J. BOUTON et C. DOLTO-TOLITCH,
*Vive le sommeil.*

**2** Dans les phrases suivantes, souligne les noms et encadre les groupes nominaux.

Exemple :

Ce petit village s'appelle Clelles .

1. Ce matin, Pierre est allé à la pêche.
2. Dans la cour, les enfants jouent au ballon.
3. Les chauves-souris sortent le soir.
4. Le docteur a donné à Flore un joli petit livre.
5. René a demandé à sa maman de faire des crêpes au chocolat.

**3** Dans ce texte, les groupes nominaux soulignés sont formés d'un déterminant et d'un nom. Complète-les en ajoutant d'autres mots ou groupes de mots.

Chaque matin, Lustucru s'asseyait dans un fauteuil, devant la fenêtre, et passait la journée à regarder la voisine, une certaine madame Michel, qui vivait seule dans une maison avec son chat pour toute compagnie. A force de la regarder, il en devint amoureux. Un dimanche après la messe, il acheta un bouquet, mit son habit, sa cravate et ses gants, puis traversa la rue et fut sonner chez la voisine.

D'après P. GRIPARI,
*Contes de la rue Broca*,
© éditions la Table ronde, 1967.

**4** En utilisant tour à tour chacun des trois noms *chien, ogre, semaine,* forme des groupes nominaux différents :
- en ajoutant des déterminants différents ;
- en ajoutant des groupes de mots différents.

Exemple :
- Le chien de ma voisine.
- Un chien noir.

**5** Réduis quand tu le peux les groupes nominaux soulignés en ne laissant que le déterminant et le nom.

Le chapiteau de toile s'est installé ce matin sur la place du village. A vingt heures précises la représentation commencera. Le clown au nez rouge nous fera rire. Le dompteur courageux nous fera trembler. L'équilibriste agile nous fera rêver. Comme j'aimerais vivre dans ce cirque merveilleux !

# 19 Nom propre, nom commun

## 1- *Nom propre ou nom commun*

**TEXTE 1**

On fit monter les <u>enfants</u> dans le camion de Monsieur David qui les emmena en direction de Gerbaud : cela leur ferait un peu moins de chemin à faire à pied et la recherche de la guigouille commencerait en pleine nature.

Ils virent passer <u>Riri Bernard</u> avec son troupeau de moutons qui leur souhaita bonne chance.

D'après A.-M. CHAPOUTON,
*L'Année du Mistouflon*, Castor Poche, Flammarion.

## Cherche

● **Relève tous les noms du texte.**

● **Compare les deux noms soulignés :**

♦ de qui parle-t-on lorsqu'on dit *les enfants* ?
♦ et lorsqu'on parle de *Riri Bernard* ?

Le nom *Riri Bernard* qui désigne une personne bien particulière est un **nom propre**.

Le nom *enfant* qui peut désigner tous les enfants est un **nom commun**.

## As-tu bien compris ?

● **Trouve tous les noms propres du texte.**

● **Trouve ensuite tous les noms communs.**

# 2- Les noms propres

**L**a source de la Seine se trouve sur le plateau de Langres. La Seine est un fleuve lent et régulier, utile pour la navigation. Elle traverse le Bassin parisien puis se jette dans la Manche. L'Yonne, la Marne et l'Oise sont des affluents de la Seine. De grands ports comme Paris, Rouen et Le Havre se sont développés le long du fleuve.

## Cherche

● **Recopie les noms propres qui se trouvent dans ce texte et place-les dans le tableau.**

| cours d'eau | |
|---|---|
| ville | |
| autre lieu | |

● **Observe bien la façon dont tous ces noms propres sont écrits.**

◆ Qu'ont-ils de semblable ?
◆ Qu'ont-ils de différent ?

## Faisons le point

Un nom propre désigne une personne, un lieu, ou tout ce qui est unique.

Tous les noms propres commencent par une majuscule.

De nombreux noms propres s'emploient sans déterminant (*Paris, Jacqueline*) mais d'autres s'emploient avec un déterminant (*la Seine, le Mont-Blanc*).

## As-tu bien compris ?

● **Tu connais la chanson du roi Dagobert qui avait sa culotte à l'envers. Écris les noms propres que tu trouves dans cette chanson.**

# 3- Les noms communs

**TEXTE 3**

Une petite poule rouge grattait dans la cour quand elle trouva un grain de blé !

- Qui est-ce qui va semer ce grain de blé ? dit-elle.
- Pas moi, dit un dindon.
- Ni moi, dit un canard.
- Ce sera donc moi, dit la petite poule rouge, et elle sema le grain de blé.

*D'après Sarah* CONE BRYANT *et Jean-Louis* LUTON,
*Histoires de souris et de poules,*
collection Histoires à raconter, Nathan.

## Cherche

● **Recopie les noms d'animaux qui se trouvent dans ce texte.**

● **Chacun de ces noms est-il donné à un seul animal ?**

Ces noms sont des **noms communs**.

● **Ces noms sont-ils employés seuls ? Que trouve-t-on devant ?**

● **Trouve tous les noms communs du texte.**

◆ Peux-tu les mettre tous au pluriel ?

## Faisons le point

Un nom commun désigne une personne, un animal, une chose... qui n'est pas unique.

Les noms communs sont généralement accompagnés d'un déterminant. En général, les noms communs peuvent être mis au pluriel (*un arbre, des arbres*).

## As-tu bien compris ?

● **Trouve :**

◆ trois noms communs commençant par la lettre « a » ;
◆ trois noms communs d'arbres ;
◆ trois noms communs d'animaux ;
◆ trois noms communs d'habitations.

# Tu peux t'exercer

 **1** Souligne d'un trait les noms communs et de deux traits les noms propres.

1. Paris est la capitale de la France.
2. Le Mont-Blanc s'élève à 4 807 mètres.
3. Jean s'est préparé des saucisses de Toulouse pour son déjeuner.
4. Lucie, ma meilleure amie, vit en Bretagne.

 **2** Relève tous les noms propres de cette petite annonce.

*Cécile et Rémi Ablin*
*ont la joie de vous faire part*
*de la naissance*
*de Julie.*
3, rue Jean-Racine
38000 Grenoble

 **3** Relie par un trait un nom propre et un nom commun comme dans l'exemple.

Paris ——— une capitale
Eiffel      un roi
Toulouse    une ville
la Seine    une tour
Milou       un fleuve
Dagobert    un chien

 **4** Trouve un nom propre que tu associeras à chaque nom commun.

- un chanteur : . . . . . . . . . . .
- un président de la République : . . . . . . .
- un personnage de BD : . . . . .
- un pays d'Europe : . . . . . . .
- un acteur de cinéma : . . . . . .

**5** Trouve un nom commun que tu associeras à chaque nom propre.

- les Alpes : . . . . . . . . . . . . . .
- la Belgique : . . . . . . . . . . .
- Suzanne : . . . . . . . . . . . . .
- Strasbourg : . . . . . . . . . . .
- Picasso : . . . . . . . . . . . . . .
- Citroën : . . . . . . . . . . . . .

# Genre et nombre du nom

## 1- *Noms masculins et noms féminins*

**Texte 1**

*L*a <u>sorcière</u>, on a cru tout d'abord que c'était une vieille <u>dame</u> comme les autres. Elle habitait une petite <u>maison</u> avec des grilles donnant sur la <u>rue</u>. Et puis voilà qu'un jour, un <u>taxi</u> a disparu, un beau taxi bleu avec un <u>chauffeur</u> russe. On a cherché partout mais on n'a retrouvé ni l'homme, ni la <u>voiture</u>. Le lendemain matin, tout le <u>monde</u> a vu dans le <u>jardin</u> de la sorcière, une belle <u>citrouille</u> toute bleue, et tout près d'elle un <u>rat</u> rouge, assis sur son derrière avec une belle <u>casquette</u>, posée sur sa tête. Alors, il y a des personnes qui ont fait des réflexions.

Deux jours après, une <u>couturière</u> a disparu. Cette fois, on l'a cherchée pendant une <u>semaine</u>. Et puis, on s'est aperçu que la sorcière avait une <u>araignée</u> mauve qui tissait des rideaux sur sa fenêtre...

D'après Pierre GRIPARI,
*La Sorcière et le commissaire*,
éditions Grasset et Fasquelle, 1981.

## Cherche

Dans ce texte, on a souligné des noms communs : recopie-les avec leur déterminant.

● **Écris dans la première colonne du tableau les noms qui sont précédés par le déterminant** *le* **ou** *un***.**

● Écris dans la deuxième colonne, les noms qui sont précédés par le déterminant *la* ou *une*.

| le, un | la, une |
|---|---|
|  |  |

● Cherche les autres noms communs de ce texte, observe leur déterminant :

◆ quels sont ceux que tu pourrais employer avec *le* ou *un* ?
◆ quels sont ceux que tu pourrais employer avec *la* ou *une* ?

● Complète le tableau en écrivant ces noms dans la colonne qui convient.

## Faisons le point

Devant certains noms, on peut placer les déterminants *un* et *le* (mais aussi *ce* ou *son*) : **ce sont des noms masculins** (on dit aussi **de genre masculin**).

Devant d'autres noms, on peut placer les déterminants *une* et *la* (mais aussi *sa* ou *cette*) : **ce sont des noms féminins** (on dit aussi **de genre féminin**).

## As-tu bien compris ?

● **Voici une liste de noms. Emploie chacun de ces noms avec le déterminant qui convient et classe-les dans le tableau :**
château ; cheval ; corbeau ; devoir ; docteur ; école ; enfant ; fauteuil ; fromage ; fruit ; maison ; maîtresse ; ministre ; monument ; pierre ; plante ; soldat ; table ; ville.

| noms masculins | noms féminins |
|---|---|
|  |  |

# 2- Le féminin et le masculin des noms

**TEXTE 1 BIS**

<u>La sorcière</u>, on a cru tout d'abord que c'était <u>une dame</u> comme les autres. Elle habitait <u>une maison</u> avec <u>une grille</u> donnant sur <u>la rue</u>.

## Cherche

● **Essaie de transformer les noms féminins soulignés en noms masculins.**

Exemple : *la sorcière → le sorcier*

◆ Que remarques-tu ?

### Faisons le point

Certains noms ont un féminin et un masculin, d'autres ne peuvent pas changer de genre.

# 3- La formation du féminin des noms

| noms masculins | noms féminins | différence à l'écrit | et à l'oral |
|---|---|---|---|
| un étudiant | une étudiante | | |
| un ami | une amie | | |
| le paysan | la paysanne | | |
| le boulanger | la boulangère | | |
| un voleur | une voleuse | | |
| un instituteur | une institutrice | | |
| un enfant | une enfant | | |
| le père | la mère | | |

## Cherche

● **Compare les noms de la colonne 1 à ceux de la colonne 2 : tous les noms masculins changent-ils quand on les met au féminin ?**

● **Observe les trois premiers noms : quelle différence vois-tu entre le masculin et le féminin ?**

　◆ Observe les trois noms suivants : quelle différence remarques-tu ?

　◆ Lis à haute voix les noms féminins : entends-tu toujours la différence que tu as observée ?

● **Complète le tableau.**

## Faisons le point

Quand on écrit, pour former des noms au féminin :
- **on ajoute un *e* au nom masculin** (*un étudiant, une étudiante ; un ami, une amie*).

**Il y a quelquefois d'autres changements.**

**Certains noms masculins ne changent pas au féminin ;** il suffit de changer le déterminant : *un enfant, une enfant.*

**Quelquefois, il y a deux noms différents** pour le masculin et le féminin.

## As-tu bien compris ?

● **Mets les noms suivants au féminin :**
un ennemi ; un directeur ; un homme ; un charcutier ; un prince ; un Américain ; un comédien ; un marchand ; un mouton.

# 4- Noms au singulier et noms au pluriel

**TEXTE 2**

*E*t puis, le mois suivant, ce sont **trois personnes** qui ont disparu. (...) On a fouillé **toutes les caves**, inspecté **tous les égouts**, et l'on n'a rien trouvé du tout. Mais dans le jardin de la sorcière, il y a **trois animaux nouveaux**.

D'après Pierre GRIPARI, *La Sorcière et le commissaire*, éditions Grasset et Fasquelle, 1981.

**TEXTE 3**

*E*t puis, le mois suivant, c'est **une personne** qui a disparu. (...) On a fouillé **toute la cave**, inspecté **tout l'égout**, et l'on n'a rien trouvé du tout. Mais dans le jardin de la sorcière, il y a **un animal nouveau**.

## Cherche

● **Quelles différences remarques-tu entre les groupes nominaux en caractères gras de ces deux textes.**

● **Qu'est-ce qui marque ces différences ?**

### Faisons le point

Un nom commun qui désigne une seule personne, un seul animal, une seule chose... est au **singulier**.

Un nom commun qui désigne plusieurs personnes, plusieurs animaux, plusieurs choses... est au **pluriel**.

# 5- La formation du pluriel des noms

| noms singuliers | noms pluriels | différence à l'écrit | et à l'oral |
|---|---|---|---|
| la montagne | les montagnes | | |
| un manteau | des manteaux | | |
| le nez | les nez | | |
| une souris | des souris | | |
| un cheveu | les cheveux | | |
| le prix | les prix | | |
| un journal | des journaux | | |
| un vitrail | des vitraux | | |

## Cherche

● **Compare chaque nom singulier au pluriel
qui lui correspond : que remarques-tu ?**

◆ Résume tes observations en complétant le tableau,
comme tu l'as fait pour le féminin.

## Faisons le point

Pour écrire un nom au pluriel :
- on ajoute un **-s** à la fin du nom au singulier (*un enfant, des
enfants*) ;
- quand le nom singulier se termine par *-eu* ou *-eau*, on ajoute un **-x** (*un neveu, des neveux ; un bateau, des bateaux*).

MAIS : *un pneu, des pneus.*

- quand le nom singulier se termine par *-ail* ou *-al*, on transforme souvent cette finale en **-aux** (*un trav**ail**, des trav**aux** ;
un chev**al**, des chev**aux***).

MAIS : *un port**ail**, des port**ails** ; un b**al**, des b**als**.*

- quand le nom singulier se termine par un **-s**, un **-z** ou un **-x**,
il ne change pas au pluriel.

ATTENTION : *un œil, des yeux.*

## As-tu bien compris ?

● **Mets les groupes suivants au pluriel :**
*une fille ; le sentier ; le puits ; un noyau ; le bruit ; une perdrix ; un
café ; un jeu ; une fleur ; un bocal ; un pétale.*

# Tu peux t'exercer

 **1** Relie le nom masculin à son féminin.

le frère     une bouchère
le menteur     la sœur
un voisin     la fille
un fiancé     une voisine
le garçon     une fiancée
un boucher     la menteuse

 **2** Mets les noms au féminin.

le coiffeur - le chanteur - Fabien - un homme - un prince - le roi - un lion - un boulanger - un coq - un directeur - un acrobate - un client.

 **5** Classe les noms du texte dans le tableau.

La plaine, les vallons plus loin,
Les bois, les fleurs des champs,

Les chemins, les villages,
Les blés, les betteraves,

Le chant du merle et du coucou,
L'air chaud, les herbes, les tracteurs,

Les ramiers sur un bois,
Les perdrix, la luzerne,

L'allée des arbres sur la route,
La charrette immobile,

L'horizon, tout cela
Comme au creux de la main.

GUILLEVIC, *Élégie de la forêt Sainte-Croix,* in *Avec,* © éditions Gallimard.

 **3** Mets les noms au pluriel.

une prune - un château - un fou - un journal - une fille - un neveu - une souris - un vitrail - un mois - une plume.

**4** Mets les noms au singulier.

des billes - des travaux - des pas - des gâteaux - des bicyclettes - des amis - des pays - des rails - des corbeaux - des chevaux.

| | masculins | féminins |
|---|---|---|
| pluriel | | |
| singulier | | |

# 21 Conjuguer le passé composé

## 1- *Un temps du passé*

Les merles ont dévoré les fruits du sorbier.

### Cherche

● **Quel est le verbe de cette phrase ?**

   ◆ Attention ! pour le trouver sans te tromper, mets d'abord la phrase au présent, et compare les deux phrases.

● **Tu as trouvé le verbe : que remarques-tu ?**

● **Quand on dit cette phrase, de quel moment parle-t-on ?**

   Ce temps du verbe est un temps du passé. Comme il est fait de deux parties, on l'appelle **le passé composé**.

### Cherche encore

**TEXTE 1**

*E*n rentrant, papa est allé au marché, il a acheté du raisin et l'a rapporté à la maison. Quand Sophie a vu le raisin dans la coupe, elle n'a pas résisté : elle a pris d'abord un grain, puis un autre. Et elle a mangé tout le raisin...

● **Relève tous les verbes de ce texte.**

   Tu sais maintenant que ces verbes sont au passé composé.

● **Comment sont-ils formés ?**

● **Tu sais que le verbe** *avoir* **et le verbe** *être*, **lorsqu'ils servent à conjuguer les autres verbes sont des** *auxiliaires*.

   ◆ A quel temps sont conjugués les auxiliaires ?
   ◆ Le verbe conjugué avec l'auxiliaire *avoir* ou l'auxiliaire *être* est au **participe passé**.

## Faisons le point

Le passé composé est un temps du passé.

Il se conjugue en employant l'auxiliaire *avoir* ou l'auxiliaire *être* suivi du participe passé du verbe.

# As-tu bien compris ?

● **Dans le texte suivant, souligne les verbes au passé composé :**

C'est la fin du monde.

Camille a invité Laure pour mercredi et pas moi. Et tout ça, à cause d'une petite sœur ! C'est vraiment injuste. [...] Camille m'a sciée !

Je lui ai dit que je m'étais trompée pour sa petite sœur. Qu'elle était sûrement embêtante.

« Qu'est-ce que t'en sais ? a dit Camille, Candide n'est pas ta sœur ! »

Alors ça, c'était le comble !

Je lui ai répondu qu'elle oubliait drôlement vite ce qu'elle disait ! « Si t'entends mal, fais-toi déboucher les oreilles mais ne dit pas de mal de ma petite sœur. »

Voilà ce qu'elle a osé me répliquer en face.

Extrait de l'ouvrage *Mon je me parle*, Sandrine PERNUSCH, © by Casterman.

# 2- *Le participe passé*

**TEXTE 2**

Pour Noël, nous avons décoré un grand sapin. Papa a installé des guirlandes et Julie a accroché des boules à toutes les branches. Et puis nous sommes allés dans nos chambres. Le lendemain matin, j'ai vu sous l'arbre tous les cadeaux du Père Noël. Maman est arrivée avec un gros cake pour le déjeuner. Julie et moi nous l'avons mangé en ouvrant les paquets et nous l'avons fini sans nous en rendre compte !

## Cherche

● **Dans ce texte, les verbes sont au passé composé : recopie ces verbes dans le tableau ci-dessous, en soulignant le participe passé.**

● **Trouve l'infinitif de ces verbes et indique leur groupe.**

| verbes au passé composé | verbes à l'infinitif | groupe |
|---|---|---|
| *avons <u>décoré</u>* | *décorer* | 1<sup>er</sup> groupe |
| ... | ... | ... |
| | | |
| | | |

● **Comment se terminent les participes passés des verbes du 1<sup>er</sup> groupe ?**

● **Et des verbes du 2<sup>e</sup> groupe ?**

● **Que remarques-tu pour les autres verbes ?**

## Faisons le point

Les participes passés des verbes du **1ᵉʳ groupe** se terminent par *-é*.

Les participes passés des verbes du **2ᵉ groupe** se terminent par *-i*.

Les autres participes passés :

| verbe | participe passé |
|-------|-----------------|
| *faire* | *fait* |
| *voir* | *vu* |
| *aller* | *allé* |
| *être* | *été* |
| *avoir* | *eu* |

## As-tu bien compris ?

● **Trouve le participe passé des verbes suivants :**
*danser ; pleurer ; gratter ; grimper ; rougir ; pâlir ; aimer ; frémir ; planter ; bâtir ; jouer.*

# 3- Quand le participe passé s'accorde-t-il avec le sujet ?

1. Il est tombé.
2. Elle est tombée.
3. Les filles sont tombées.
4. Les garçons sont tombés.
5. On est tombé.

## Cherche

Dans ces phrases, souligne le sujet et encadre le verbe.

● **Pour chaque phrase, dis quel est le genre et quel est le nombre du sujet.**

● **Observe le participe passé : que remarques-tu ?**

6. Il a chanté.
7. Elle a chanté.
8. Les filles ont chanté.
9. Les garçons ont chanté.
10. On a chanté.

## Cherche encore

● **Fais le même travail pour les phrases 6 à 10.**

● **Peux-tu trouver pourquoi le participe passé s'accorde avec le sujet dans les cinq premières phrases et pas dans les cinq dernières ?**

### Faisons le point

Dans un verbe au passé composé :
- **le participe passé s'accorde avec le sujet** si le verbe est conjugué **avec l'auxiliaire *être*** ;
- **le participe passé ne s'accorde pas avec le sujet** si le verbe est conjugué **avec l'auxiliaire *avoir*.**

## As-tu bien compris ?

● **Écris le pronom personnel qui manque :**

1. ... a mangé la tarte.
2. ... est allée au cinéma.
3. ... a grandi beaucoup cette année.
4. ... sont tombés.
5. .... ont travaillé.

# Tu peux t'exercer

**1** ★ Souligne les verbes au passé composé.

L'éléphant d'Afrique est très recherché pour l'ivoire de ses défenses et pour sa peau. Avec l'ivoire, on fait des bijoux et avec sa peau on fait des bottes. C'est pour cela qu'on a massacré l'éléphant d'Afrique. En 1989, on a interdit son commerce. Certains pays comme l'Afrique du Sud, le Soudan et le Zimbabwe veulent pouvoir exporter à nouveau de la viande et des peaux d'éléphant. Les autres pays ont dit « non ». Ils ont décidé d'interdire le commerce d'éléphants pendant encore deux ans.

D'après *Le Journal des enfants*, 25 novembre 1994.

**2** ★ Relie le verbe et son pronom.

| Tu | êtes allés |
| Elle | avons vu |
| Vous | as fait |
| Nous | ai mangé |
| J' | ont fini |
| Ils | a trouvé |

**3** ★ Conjugue les verbes au passé composé à la personne demandée.

Danser (je) ; pleurer (nous) ; aller (elles) ; gratter (tu) ; grimper (on) ; faire (nous) ; rougir (tu) ; pâlir (il) ; aimer (vous) ; frémir (ils) ; planter (je) ; voir (vous) ; bâtir (nous) ; avoir (ils) ; être (nous) ; jouer (tu).

**4** ★ Remplace *il* par *ils, elle,* puis *elles* et fait les accords quand il le faut.

1. Il a pleuré
2. Il a grandi
3. Il est tombé
4. Il a fait son lit
5. Il est allé à la plage
6. Il est monté sur le toit
7. Il a fini son gâteau
8. Il a vu le Mont-Blanc

**5** ★  Mets les verbes soulignés au passé composé.

Pour augmenter la production de soie en France, Henri IV encourage la culture du mûrier. Quatre cent mille mûriers sont plantés dans le Midi, le Dauphiné, la région lyonnaise. Quelques années plus tard, Colbert relance la production.

L'Ardèche est bouleversée par la culture du ver à soie. Le pays se couvre de mûriers, de magnaneries[1], d'ateliers.

Mais au milieu du XIXe siècle, la maladie frappe les vers à soie. L'épidémie touche toutes les régions. La production de cocons diminue fortement. Les recherches de Pasteur n'arrêtent pas le déclin de la culture du ver à soie.

1. Maison où on élève les vers à soie.

*Le Ver à soie,*
Bibliothèque de travail Freinet,
Album BT, éditions PEMF, 1993.

# 22 Conjuguer l'imparfait

## 1- *Un temps du passé*

### TEXTE 1

Quand Gargantua[1] n'avait pas encore cinq ans, son temps se passait, comme celui des autres enfants, à manger, boire et dormir ; à boire, dormir et manger ; à dormir, manger et boire.

Mais plus que les autres petits enfants, il était malpropre, et son plus grand plaisir était de se rouler dans la poussière et dans la boue, de se barbouiller affreusement le visage et de se couvrir de taches des pieds à la tête.

Il essuyait son nez sur sa manche, il dévorait avec les doigts, il crachait par terre, laissait les chiens manger en même temps que lui en son écuelle, et quelquefois allait manger dans la leur. Souvent, il finissait par leur mordre les oreilles.

Quand il voyait un gros arbre, il l'arrachait et s'en faisait un cheval de bois.

1. Gargantua est un géant qui a vécu au Moyen Âge.

## Cherche

- **De quoi parle ce texte ?**

- **S'agit-il du présent, du passé ou du futur ?**

    ◆ Comment le sais-tu ?

- **Souligne les verbes conjugués.**

    Ces verbes sont à **l'imparfait**.
    L'imparfait est **un temps du passé**.

104

# 2- La conjugaison des verbes à l'imparfait

Tu as repéré les verbes dans le texte 1. Trouve l'infinitif de ces verbes et classe-les dans le tableau suivant :

| verbe à l'imparfait | infinitif | groupe | 1<sup>re</sup> personne du pluriel du présent |
|---|---|---|---|
| | | 1<sup>er</sup> groupe | |
| | | 2<sup>e</sup> groupe | |
| | | 3<sup>e</sup> groupe | |
| | | autres | |

## Cherche

- **Observe les verbes que tu as copiés dans la colonne 1.**
    - ◆ A quelle personne sont-ils ?

- **Tu peux trouver la terminaison de chaque verbe en le comparant à l'infinitif et à la 1<sup>re</sup> personne du pluriel du présent.**
    - ◆ Quelle est cette terminaison ?
    - ◆ Que remarques-tu ?

### Faisons le point

A l'imparfait, les verbes ont tous **la même terminaison**.

**Le radical** de tous les verbes, **sauf être**, est **le même qu'à la 1<sup>re</sup> personne du pluriel du présent**.

## As-tu bien compris ?

- **Conjugue les verbes suivants à la troisième personne du singulier de l'imparfait :**
    *danser ; pleurer ; aller ; gratter ; grimper ; faire ; rougir ; pâlir ; aimer ; frémir ; planter ; voir ; bâtir ; avoir ; être ; jouer.*

# 3- Les terminaisons de l'imparfait

1. Je crachais
2. Tu crachais
3. Il crachait
4. Nous crachions
5. Vous crachiez
6. Ils crachaient

## Cherche

Tu viens de lire la conjugaison de l'imparfait du verbe *cracher*.

● **Souligne en rouge les terminaisons de chaque personne.**

### Faisons le point

A l'imparfait, les terminaisons des verbes sont :

| singulier | 1<sup>re</sup> personne | *-ais* | *je crachais* |
|-----------|----------|--------|---------------|
|           | 2<sup>e</sup> personne | *-ais* | *tu crachais* |
|           | 3<sup>e</sup> personne | *-ait* | *il, elle, on crachait* |
| pluriel   | 1<sup>re</sup> personne | *-ions* | *nous crachions* |
|           | 2<sup>e</sup> personne | *-iez* | *vous crachiez* |
|           | 3<sup>e</sup> personne | *-aient* | *ils, elles crachaient* |

### Attention

présent : nous voyons / imparfait : nous voyions.

## As-tu bien compris ?

● **Les verbes te sont donnés à l'infinitif. Conjugue-les à l'imparfait à la personne demandée :**
*danser (je) ; pleurer (nous) ; aller (elles) ; gratter (tu) ; grimper (on) ; faire (nous) ; rougir (tu) ; pâlir (il) ; aimer (vous) ; frémir (ils) ; planter (je) ; voir (vous) ; bâtir (nous) ; avoir (ils) ; être (nous) ; jouer (tu).*

# Tu peux t'exercer

**1** Souligne les verbes à l'imparfait et donne leur infinitif.

1. Quand j'étais petite, je n'aimais pas la mer.
2. J'ai vu la mer la première fois en Bretagne.
3. Je ne suis jamais allée à la pêche ; mon père n'aimait pas le poisson !
4. Les canards sont passés si vite au-dessus de nos têtes que nous ne les avons pas vus. Pourtant nous regardions vers le lac !
5. Il s'installait tous les soirs devant le chalet. Il voyait le soleil se coucher sur la montagne. Le Mont-Blanc rosissait lentement. Il était heureux.
6. Hier j'ai été malade, j'avais de la fièvre et aujourd'hui je reste à la maison.

**2** Récris les phrases avec le pronom entre parenthèses.

1. Il dansait. (Nous)
2. Je regardais la neige. (Vous)
3. Elle faisait des crêpes. (Je)
4. Tu voyais souvent tes cousins. (Vous)
5. Ils étaient furieux. (Il)
6. Nous avions très peur. (Elles)
7. J'allais quelquefois à la pêche. (On)

**3** Classe les phrases en deux colonnes selon que les verbes sont à l'imparfait ou au passé composé.

Un beau jour, les pêcheurs se sont mis à draguer leur étang. Leur pêche n'était pas bien fameuse, il s'en fallait de beaucoup. Dans le filet ne frétillait çà et là qu'un petit poisson maigrelet. Il a donc fallu renouveler l'opération. Et la seconde fois, un poisson gros comme une poutre s'agitait dans le filet, un brochet qui, lorsque les pêcheurs ont voulu le peser, a brisé leur balance. C'était une prise colossale. Les vieux pêcheurs ne se rappelaient pas en avoir jamais vu de pareille.

D'après J. KOTOUC / I. SEGERS,
*Légendes des mers,
des rivières et des lacs*, Gründ.

## ET MAINTENANT, ÉCRIS

**4** Récris ce texte en conjuguant les verbes à l'imparfait.

La voiture arrive sur la route. Le conducteur roule si vite qu'on voit à peine le paysage. En traversant les villages, il klaxonne bruyamment et les gens font des signes avec la main. Ont-ils peur ? Sont-ils joyeux ? Nous allons le savoir bientôt.

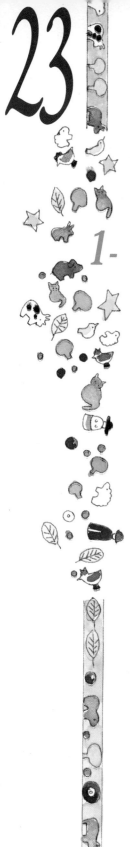

# 23 Parler, écrire à l'imparfait ou au passé composé

## 1- *Deux temps du passé*

**TEXTE 1**

Quand j'avais votre âge, mon jouet préféré était une bête en peluche toute biscornue qui s'appelait Badaboum Tatsoum.

Il était impossible de dire si c'était un lapin, un chien, un chat ou un kangourou. Il avait de grands yeux jaunes comme une chouette, une tête ronde de lapin et la même petite queue duveteuse que les jeunes oursons.

Mes parents affirmaient que Badaboum Tatsoum était un animal inconnu de la science qui habitait les forêts tropicales. [...]

Bien des années ont passé depuis, mais nous sommes toujours restés amis. Il y a quelques jours, l'envie m'a pris de parler de lui dans un livre.

D'après Edouard OUSPENSKI,
*Le Crocodile Génia et ses amis*, Castor Poche, Flammarion.

Ce texte est la préface d'un livre : avant de commencer son histoire, l'auteur explique pourquoi il a écrit ce livre.

## Cherche

● **De quel moment l'auteur parle-t-il ?**

● **A quels temps sont conjugués les verbes ?**

### Faisons le point

Tu sais déjà que le passé composé et l'imparfait indiquent que ce dont on parle est passé : le passé composé et l'imparfait sont deux temps du passé.

# 2- *Pourquoi deux temps du passé ?*

**TEXTE 2**

Badaboum Tatsoum était une drôle de bête qui vivait dans une épaisse forêt tropicale. Il se baladait, il jouait avec les papillons, il cueillait des pissenlits, il ne connaissait pas les hommes.

Un matin, à peine réveillé, Badaboum Tatsoum est entré dans un verger et a vu de grandes caisses d'oranges. Badaboum adorait les oranges. Il est entré dans une caisse, a dévoré deux oranges et s'est endormi...

D'après Édouard OUSPENSKI.

- **Où commence vraiment l'histoire de Badaboum Tatsoum ?**

- **De quoi s'agit-il dans le premier paragraphe ?**
  - ◆ A quel temps sont conjugués les verbes dans ce paragraphe ?

- **Dans le deuxième paragraphe, à quels temps sont conjugués les verbes ?**

- **Relis ce paragraphe en supprimant la phrase qui a son verbe à l'imparfait.**
  - ◆ Peux-tu encore comprendre l'histoire ?
  - ◆ A quoi sert cette phrase à l'imparfait ?

- **Essaie de supprimer les phrases au passé composé. Que remarques-tu ?**

> ### Faisons le point
>
> Quand on parle du passé, on peut employer le passé composé ou l'imparfait.
>
> C'est le passé composé qui sert à dire ce qui s'est passé, à raconter.
>
> L'imparfait sert à expliquer, à donner des renseignements complémentaires qui permettent de comprendre mieux ce que l'on raconte.

## As-tu bien compris ?

- **Relis le texte 1 et vérifie ce que tu viens de découvrir.**

# Tu peux t'exercer

## TRAVAIL ORAL

**1** A quels temps sont les verbes de ce texte ? Pourquoi ne sont-ils pas tous au même temps ?

Nous commencions une partie de Monopoly lorsque un bruit étrange a résonné dans le champ, devant la maison. Nos parents étaient sortis pour la journée. Nous avons regardé par la fenêtre et nous avons vu des êtres semblables à des hommes qui sortaient d'une soucoupe volante.

**2** Dans le texte suivant, mets les verbes au passé composé ou à l'imparfait.

Quand je (arriver), le jour n'(être) pas encore levé. Les oiseaux (commencer) tout juste à chanter. Je (entrer) dans la maison ; il n'y (avoir) aucun bruit. Je (préparer) du café, je (faire) des tartines grillées et je (aller) attendre dans le jardin. Je (rester) là plus d'une heure. Une belle journée (commencer).

**3** Transforme ce texte au présent en un texte au passé (en employant l'imparfait et le passé composé).

L'histoire commence le jour où monsieur Grenouille va voir ces demoiselles tout seul. Il s'installe avec elles devant la maison, à siroter du lait de coco. Ces demoiselles entourent monsieur Grenouille et rient fort de ses traits d'esprit. Il est plus drôle et charmant que jamais. Hélas ! Voilà que la bien-aimée de l'éléphant commence à parler de son galant. Il est si beau, si charmant !
Alors monsieur Grenouille voit rouge. Il se gonfle le plus possible. Et il déclare, l'air de rien, que l'éléphant est son bandit.

D'après Ashley BRYAN,
*Contes d'Afrique Noire*,
Castor Poche, Flammarion.

# Des mots qui en remplacent d'autres

## 1- *Des mots différents pour parler d'une même personne*

### TEXTE 1

Vieux-Jean vivait en ramassant du bois dans la forêt. Un jour qu'il commençait à déterrer une souche, il vit apparaître entre les racines d'un chêne... un coffret. Le vieil homme dégagea la terre et ouvrit le coffret : il était plein d'or.

« Quelle merveille ! », se dit le brave homme.

## Cherche

- **Comment s'appelle le personnage dans ce texte ?**
  - ◆ Est-ce qu'on parle toujours de lui en l'appelant par son nom ?

- **Essaie maintenant de remplacer par son nom tous les mots qui le désignent.**
  - ◆ Comprends-tu le texte que tu as obtenu ?
  - ◆ Pourquoi le nom du personnage n'est-il pas répété dans chaque phrase ?

## Faisons le point

Dans un texte, on peut remplacer un mot ou un groupe de mots par un autre mot ou un autre groupe de mots afin d'éviter des répétitions.

1. Vieux-Jean vivait en ramassant du bois dans la forêt.
2. Il vit apparaître entre les racines d'un chêne un coffret.
3. « Quelle merveille ! », se dit le brave homme.

## Cherche

● **Quel mot remplace** *Vieux-Jean* **dans la phrase 2 ?**

  ◆ Comment s'appelle ce mot que tu as déjà rencontré ?

● **Quel groupe de mots remplace** *Vieux-Jean* **dans la phrase 3 ?** Ce groupe de mots est un groupe nominal.

  ◆ Est-ce que la phrase 3 aurait exactement le même sens si on avait encore remplacé *Vieux-Jean* par *Il* ?

### Faisons le point

Dans un texte, on peut remplacer un nom ou un groupe nominal par un pronom personnel ou par un autre groupe nominal.

## As-tu bien compris ?

● **Dans le texte 1, on trouve le pronom personnel** *il* **dans trois phrases. Trouve quel groupe nominal il remplace dans chaque phrase.**

# Tu peux t'exercer

**1** Cette histoire est celle d'un singe et d'un sanglier. Leur nom est écrit chaque fois qu'on parle d'eux. Remplace-le chaque fois que c'est possible par un autre groupe nominal ou par un pronom personnel.

Un singe décida un jour de se retirer loin des siens. Le singe s'installa sur une île déserte où poussaient de nombreux figuiers. Le singe vivait heureux depuis plusieurs années, se nourrissant de figues sèches, quand arriva sur l'île un sanglier. Séduit par la richesse de l'île, le sanglier décida de s'y établir. Le sanglier s'aperçut très vite que de nombreux figuiers étaient dépouillés de leurs fruits. Cela étonna le sanglier, car le sanglier pensait être seul sur l'île. « Il faut que je sache qui consomme toutes ces figues » se dit le sanglier.
Le sanglier chercha et découvrit le singe. Le singe choisissait tranquillement des figues.

D'après Jean MUZI, *Dix-neuf fables de singes*, Castor Poche, Flammarion.

**2** Relève dans ce texte les pronoms personnels et les groupes nominaux qui remplacent « Gentil-Loup ».

Grand Gentil-Loup était le plus gentil des grands loups gentils et le meilleur des bergers. Jamais il n'avait perdu un seul mouton. Chaque soir, le brave animal comptait et recomptait soigneusement brebis et agneaux. Mais Grand Gentil-Loup, le chef des loups bergers, travaillait chez une vieille femme avare. Un soir, son travail terminé, notre brave berger, content de lui, courut s'asseoir devant la porte de la ferme. Il avait très faim et attendait sa récompense...

D'après C.-C. RAGACHE et Y. BEAUJARD, *Les Grands Gentils-Loups*, coll. Mes premières légendes, éditions Hachette.

**3** Lis attentivement et cherche ce que les mots soulignés remplacent.

Sachant à peine ce qu'**il** faisait, James Henry Trotter se mit à marcher à pas lents vers la pêche géante. **Il** enjamba la cloison et leva les yeux sur ses flancs[1] gigantesques. Puis **il** étendit la main et **la** toucha avec précaution du bout du doigt. **Il** s'approcha plus près pour frotter sa joue contre cette peau veloutée. Et soudain, **il** s'aperçut que la pêche avait un trou.
C'était un trou assez important. **Il** pouvait être l'œuvre d'un animal de la taille d'un renard.
James se mit à genoux devant le trou. **Il y** introduisit d'abord la tête et les épaules. **Il y** entra tout entier en rampant. « C'est un véritable tunnel ! » pensa-t-**il** tout ému.

1. Côtés du corps.

D'après Roald DAHL, traduction Maxime GRANGE, *James et la grosse pêche*, © éditions Gallimard.

# 25 Le verbe et le complément du verbe

## 1- Le verbe dans le groupe verbal

**TEXTE 1**

<u>Le lion</u> s'arrête. <u>Il</u> a aperçu une gazelle. <u>Le fauve</u> **bloque sa respiration.** <u>Il</u> fixe **sa proie.** <u>Il</u> attend.

### Rappelle-toi

● **Dans les phrases de ce texte :**
   **- quels groupes sont soulignés ?**
   **- quels groupes sont en caractères gras ?**

● **Dans chaque groupe verbal, entoure les verbes conjugués.**

   ◆ Est-ce qu'il y a un verbe conjugué dans chaque phrase ?

### Faisons le point

Dans une phrase, le groupe **verbal** est le groupe qui contient le verbe.

## 2- Le complément du verbe

Le lion **attend.**
Il **bloque sa respiration.**

### Cherche

● **Compare les groupes verbaux de ces deux phrases.**

● **A quoi sert le groupe de mots :** *sa respiration* **?**

   On appelle ce groupe de mots **le complément du verbe.**

# 3- *La place du complément du verbe*

Tous les matins, dans la salle de bains, <u>je</u> **chante**.

## Cherche

- **De quoi est formé le groupe verbal ?**

- **Peux-tu ajouter un complément du verbe à ce groupe verbal ?**

- **Essaie d'en ajouter un aux groupes verbaux soulignés dans les phrases suivantes :**

1. Le soleil <u>brille</u>.
2. Le matin, dès qu'elle se lève, elle <u>mange</u> et elle <u>boit</u>.
3. Tous les soirs, à dix heures précises, il <u>se couche</u>.
4. L'enfant <u>écoute</u>.

- **Lorsque tu ajoutes un complément du verbe, où le places-tu ?**

  ◆ Peux-tu le déplacer ?

## Faisons le point

Dans le groupe verbal, le complément du verbe est placé après le verbe. On ne peut pas le déplacer.

Quand le groupe nominal est formé d'un verbe seul, on peut parfois ajouter un complément du verbe ; d'autres fois, on ne peut pas en ajouter.

# Tu peux t'exercer

**1** Dans les phrases suivantes, souligne le groupe sujet et encadre le groupe verbal.

1. Julie ferme son livre.
2. Tous les matins, Paul boit du lait au chocolat.
3. Je dessine cette maison avec mes crayons de couleur.
4. Chaque matin, le facteur dépose le courrier.
5. Les troupeaux quittent la montagne dès les premiers froids.

**2** Ajoute lorsque c'est possible un complément du verbe au groupe verbal.

1. La lune se lève.
2. Avant le repas, nous buvons.
3. Les enfants écoutent.
4. Vous sortirez.

**3** Indique si le complément souligné est un complément du verbe ou un complément déplaçable.

1. Tu écris <u>à tes parents</u>.
2. Tu écris <u>dans le jardin</u>.
3. Denis écoute <u>de la musique</u>.
4. Denis écoute <u>de toutes ses oreilles</u>.
5. Isabelle chante <u>lorsqu'elle est joyeuse</u>.
6. Isabelle chante <u>une chanson joyeuse</u>.

**4** Ajoute un complément du verbe seulement si cela te semble indispensable.

1. Ma grand-mère arrive.
2. Tu jettes.
3. Mes amis ont pris.
4. Roberte tricote.
5. Claudine apprendra.
6. As-tu vu ?

**5** Souligne le groupe sujet, encadre le groupe verbal, fais une croix sous le complément du verbe s'il y en a un.

1. Demain matin, nous cueillerons les fruits mûrs.
2. Richard a construit une cabane au fond du jardin.
3. Au zoo, les fauves s'ennuient dans leur cage.
4. Mon oncle adore les chats.
5. Des voitures circulent dans tous les sens.

# 26 Les déterminants

## 1- *Des déterminants*

### Texte 1

Le fils de M. Aubran s'appelait Aldebert. Il fêta onzième anniversaire semaine après arrivée sur île merveilleuse.

A occasion, Mme Aubran fit premier « gâteau de patates », spécialité de île dont Mme Vilanama lui avait donné recette.

Quand il eut soufflé bougies, Aldebert eut agréable surprise de se voir offrir par Patenbois magnifique livre, intitulé : *Jeux mathématiques*.

D'après Jacques Poustis,
*Un Père Noël pas comme les autres*,
Castor Poche, Flammarion.

### *Cherche*

● **Ce texte te semble-t-il écrit normalement ?**

   ◆ Que lui manque-t-il ?

● **Lis ce texte à haute voix en ajoutant les déterminants qui manquent.**

   ◆ Où places-tu ces déterminants par rapport au nom ?

● **Peux-tu placer n'importe quel déterminant devant chaque nom ? Pourquoi ?**

   ◆ Que regardes-tu pour choisir un déterminant qui convienne ?

| | |
|---|---|
| son onzième anniversaire | ses bougies |
| un magnifique livre | une semaine |

● **Est-il obligatoire de placer un déterminant devant « Jeux mathématiques » ?**

## Faisons le point

Les noms communs sont le plus souvent précédés d'un déterminant.

Le déterminant est placé devant le nom ; il peut être séparé du nom par un ou plusieurs mots.

Le déterminant est au même genre (féminin ou masculin) et au même nombre (singulier ou pluriel) que le nom.

## As-tu bien compris ?

● **Place les déterminants qui suivent dans le texte (le même déterminant peut être utilisé plusieurs fois) :**
*le ; son ; les ; ses ; deux ; des.*

Chat, pour fêter anniversaire, invita nombreux voisins : piverts, hirondelles, moineaux et oiseaux chanteurs, ainsi que lièvres et lapins, écureuils et souris. Chat était de bonne humeur, et invités se sentirent à l'aise.

D'après Gisela DÜRR et Werner THUSWALDNER,
*Les Fables d'Ésope*,
éditions Nord-Sud.

# 2- Les articles

**Texte 2**

Kungo leva la <u>tête</u> et tendit l'<u>oreille</u>. Un <u>bruit</u> étrange, venu des profondeurs de l'<u>Ungava</u>, avait percé le <u>silence</u> de cette région.

Il se pencha, il attendit et fouilla du regard les <u>eaux</u> profondes du lac gelé. Au bout d'un <u>moment</u>, une grosse <u>truite</u> glissa lentement juste au-dessous de lui. Puis une autre passa suivie de trois autres. Elles ressemblaient à des petits <u>fantômes</u> zigzaguant sous la <u>surface</u> verte.

D'après James HOUSTON, *Akavak*,
Castor Poche, Flammarion.

## Cherche

● Dans ce texte, cherche le déterminant de chacun des noms soulignés et recopie les groupes que tu as ainsi trouvés.

● Quels déterminants as-tu relevés ?

Ces déterminants *un, une, des, le, la, les,* sont des **articles**.

# 3- Articles définis et articles indéfinis

**PHRASE 1 -** Il prit un livre et s'installa confortablement.
**PHRASE 2 -** Il prit le livre et s'installa confortablement.

## Cherche

● **Quelle différence vois-tu entre ces phrases ?**

● **Quand on dit la phrase 1, précise-t-on de quel livre on parle ?**

◆ Et quand on dit la phrase 2 ?

### Faisons le point

- *un* est un article **indéfini** : on l'emploie quand on ne veut pas préciser de quel livre on parle ;

- *le* est un article **défini** : on l'emploie quand on parle d'un livre précis, connu, dont on a déjà parlé ou qu'on peut montrer.

## As-tu bien compris ?

● **Classe dans le tableau les articles soulignés.**

1. La maison est construite au bord de l'eau.
2. Une maison est construite au bord de l'étang.
3. Claire a accompagné les enfants à une piscine.
4. Claire a accompagné des enfants à la piscine.
5. Un éclair traverse le ciel.

| articles définis | articles indéfinis |
|---|---|
|  |  |
|  |  |
|  |  |

## Cherche encore

● *La maison* est construite au bord de l'eau. **Observe le groupe en caractères gras.**

   ◆ Quel est le genre du nom ? Quel est le déterminant ?
   ◆ Remplace le nom *maison* par le nom *château* : quel est le genre de ce nom, quel déterminant as-tu employé ?

● **Mets les groupes** *la maison* **et** *le château* **au pluriel : quel déterminant emploies-tu ?**

● *L'eau* **et** *l'étang* **: quel est dans chacun de ces groupes le genre du nom ? Quel est le déterminant ? Que remarques-tu ?**

● *Une maison* est construite au bord de l'eau.

   ◆ Fais le même travail sur cette phrase : quels déterminants as-tu employés ?

## As-tu bien compris ?

● **Relie les articles de la colonne de gauche aux noms de la colonne de droite (plusieurs articles peuvent être reliés à un même nom).**

| | |
|---|---|
| le | pain |
| une | enfants |
| des | assiette |
| l' | bâtiments |
| un | histoire |
| la | manteau |
| les | montagne |

# Tu peux t'exercer

**1** Encadre tous les déterminants de ce texte et souligne le nom qui les accompagne.

Le lendemain, tout le village se leva dès l'aube, pressé de gagner les champs. Mungalo remercia son hôte et s'en fut de son côté. Il fredonnait le cœur léger : l'esprit de son ami le bœuf blanc était toujours avec lui, ici même, dans ces cornes magiques qui ne le quitteraient jamais, et c'était assez pour lui redonner la joie de vivre.

Ashley BRYAN, *Contes d'Afrique Noire*, Castor Poche, Flammarion.

**2** Encadre tous les articles de ce texte et souligne le nom qui les accompagne.

Heureusement, Tonton la Musique eut une idée. Les jambes tremblantes mais sans cesser de marcher, il plongea dans sa besace et cassa un morceau de la belle galette au beurre.
« Mangez donc ça ! » dit-il en prenant une grosse voix. Il espérait que les loups n'avaient qu'une toute petite faim. Hélas ! ils engloutirent la part de galette d'une seule bouchée, sans même s'arrêter !

C.-C. RAGACHE et Y. BEAUJARD, *Les Grands Gentils-Loups,* coll. Mes premières légendes, éditions Hachette.

**3** Place dans ce texte les articles qui manquent.

Il y avait une fois ... homme qui était veuf. ... jour, il se remaria avec ... femme dure et orgueilleuse, mère de deux filles qui lui ressemblaient. De son côté, le mari avait ... fille qui était douce et gentille. Dès ... lendemain des noces, ... belle-mère laissa éclater sa mauvaise humeur. Elle se mit à maltraiter ... fille de son mari : au lieu ... jolis habits qu'elle portait, elle lui donna ... vieille robe toute déchirée, elle l'obligea à faire ... plus durs travaux, à laver ... vaisselle, à nettoyer ... maison, à aller chercher ... bois.

*Cendrillon,* adapté d'un conte de PERRAULT.

## ET MAINTENANT, ÉCRIS

**4** Voici le texte d'une petite annonce. Transforme-le en texte complet.

Vends maison avec jardin.
2 étages, 4 chambres
salon avec cheminée
Grand garage.
Renseignements
au 01 60 10 02 07 journée
et au 01 69 28 03 54 soir.

Rédige à ton tour une petite annonce pour vendre un vélo, en supprimant tous les déterminants (et plus si tu peux).

# 27

# L'adjectif qualificatif dans le groupe nominal

## 1- *Reconnaître l'adjectif qualificatif*

**TEXTE 1**

L'ours blanc est un ours énorme. Les grands mâles peuvent mesurer deux mètres cinquante. On croit souvent que la fourrure des ours blancs est blanche mais c'est uniquement vrai pour les jeunes animaux. Les adultes ont une fourrure jaunâtre.

La graisse qui enveloppe leur corps en une couche épaisse protège les ours du froid. Elle leur permet de pouvoir plonger dans l'eau glaciale.

## Cherche

● **Observe les groupes nominaux en gras dans le texte 1. De quoi sont-ils formés ?**

◆ Tu as reconnu les noms et les déterminants.

Les autres mots qui accompagnent le nom et le déterminant sont des **adjectifs qualificatifs**.

## As-tu bien compris ?

● **Souligne les adjectifs qualificatifs dans les groupes nominaux suivants :**
*la souris verte ; un bon repas ; une belle petite fille rousse ; une pomme mûre ; un soleil éclatant ; un bon gros géant.*

## Cherche encore

● **Compare maintenant les deux phrases :**

1. **Les mâles** peuvent mesurer deux mètres cinquante.
2. **Les grands mâles** peuvent mesurer deux mètres cinquante.

   ◆ Les deux phrases ont-elles exactement le même sens ?
   ◆ Quel est le rôle de l'adjectif qualificatif ?
   ◆ Est-il obligatoire pour comprendre la phrase ?

● **Compare maintenant :**

3. **L'ours blanc** est **un ours énorme**.
4. **L'ours** est **un ours**.

   ◆ Que remarques-tu ?
   ◆ Quel est le rôle de l'adjectif qualificatif ?
   ◆ Est-il obligatoire ?

### Faisons le point

Dans un groupe nominal, l'adjectif qualificatif apporte des précisions sur le nom.

Dans certains cas, il n'est pas obligatoire pour que l'on comprenne la phrase.

Dans d'autres cas, si on le supprime, la phrase perd son sens.

## As-tu bien compris ?

● **Dans les groupes en gras, souligne les adjectifs qualificatifs qui ne sont pas obligatoires et encadre ceux qu'on ne peut pas supprimer.**

Ce soir-là, Akavak éprouva **des sentiments étranges** tandis qu'il glissait ses peaux de couchage dans **leur nouvel igloo**. **Le grand mur** de **rocher glacé** qui se dressait derrière lui ne lui plaisait pas. Combien de fois, dans **des contes interminables**, avait-il entendu parler **du redoutable esprit** des montagnes qui hante **les lieux élevés**.

D'après James HOUSTON, *Akavak*,
Castor Poche, Flammarion.

124

# 2- *La place de l'adjectif qualificatif*

**L'ours blanc** est **un ours énorme.**
**Les jeunes animaux** ont **la fourrure blanche.**

## *Cherche*

● **Dans chaque groupe nominal en gras, encadre l'adjectif qualificatif.**

   ◆ Où les adjectifs sont-ils placés par rapport au nom ?
   ◆ Peux-tu les déplacer ?

### Faisons le point

L'adjectif qualificatif peut être placé devant ou derrière le nom.

On peut parfois le déplacer.

# Tu peux t'exercer

**1** Encadre les adjectifs qualificatifs dans les groupes soulignés.

1. Il a <u>de beaux yeux bleus</u> et <u>un sourire agréable</u>.
2. <u>La pauvre bête</u> s'ennuie dans <u>cette maison vide</u>.
3. Il lança son sac sur son épaule et partit <u>à pas lents</u>.
4. <u>Les campeurs épuisés</u> dorment sur un lit d'<u>herbe fraîche</u>.
5. <u>Un grand lièvre roux</u> a traversé la route.

**2** Souligne les groupes nominaux, marque un *D* sous les déterminants, un *A* sous les adjectifs qualificatifs et un *N* sous les noms.

1. Le grand loup a mangé les petits cochons.
2. Sur cette jolie place coule une fontaine fraîche.
3. Le grand cerisier a donné des cerises délicieuses.
4. Sur la table basse, on a posé un vase rond et ventru.

**3** Ajoute, quand cela te semble mieux, des adjectifs qualificatifs au groupe nominal.

1. Sur la rivière navigue une barque.
2. Maman aime soigner les plantes du salon.
3. Pour le repas, j'ai préparé des haricots, de la viande, des fruits et du café.
4. Les branches du cerisier descendent jusqu'à terre.

**4** Recopie les phrases suivantes sans les adjectifs qualificatifs.

1. Picasso est un peintre génial.
2. Je profite des longues soirées pour lire dans le jardin.
3. Un violent orage a éclaté cette nuit.
4. Ces livres anciens appartenaient à un vieil ami.
5. Ce ravissant tableau m'a été offert par mon frère aîné.

**5** Transforme ces phrases en remplaçant chaque adjectif qualificatif par un adjectif qualificatif de sens contraire.

1. Je porte une robe· neuve et des chaussures à talons hauts.
2. Une pluie fine tombait.
3. Un homme jeune, aux cheveux clairs, est entré chez nous.
4. Le grand méchant loup mangera-t-il le petit cochon ?

## ET MAINTENANT, ÉCRIS

**6** Enrichis ce texte par des adjectifs qualificatifs pour le rendre plus précis.

Une silhouette se précisait, avec deux oreilles et deux yeux qui s'ouvraient et se refermaient. C'était un poulain...
Brusquement, le poulain releva sa tête, faisant voltiger ses crins. Inquiet, étonné, le cheval tremblait un peu sur ses jambes.

D'après René GUILLOT, cité dans *A la croisée des mots*, Français CE2, Istra.

# L'adjectif qualificatif s'accorde avec le nom

## 1- L'adjectif qualificatif varie

**PHRASE 1**
Elle porte **un pantalon vert.**

**PHRASE 2**
Elle porte **une jupe verte.**

## Cherche

● **Observe les groupes nominaux en caractères gras dans les deux phrases.**

◆ Quel est le genre du nom dans la phrase 1 ?
Et dans la phrase 2 ?

● **Observe maintenant l'adjectif qualificatif dans chacune des phrases.**

### Faisons le point

Tu vois que l'adjectif qualificatif change si le genre du nom change : on dit que l'adjectif **varie.**

Si le nom est masculin, il est au masculin.

Si le nom est féminin, il est au féminin.

**On dit que l'adjectif qualificatif s'accorde en genre avec le nom.**

# Cherche encore

**PHRASE 3 -** J'ai mangé un abricot mûr.

**PHRASE 4 -** J'ai mangé des abricots mûrs.

● **Dans la phrase 3, le nom est-il au singulier ou au pluriel ?**

● **Et dans la phrase 4, le nom est-il au singulier ou au pluriel ?**

● **Observe l'adjectif qualificatif dans chaque phrase. Que remarques-tu ?**

## Faisons le point

L'adjectif qualificatif varie aussi si le nombre du nom change.

Si le nom est au singulier, il est au singulier.

Si le nom est au pluriel, il est au pluriel.

**On dit que l'adjectif s'accorde en nombre avec le nom.**

# 2- Le féminin des adjectifs qualificatifs

Dans les groupes nominaux qui suivent, tu peux remarquer que l'adjectif qualificatif s'accorde en genre avec le nom.

| groupe nominal masculin | groupe nominal féminin |
|---|---|
| un homme **gai** | une femme **gaie** |
| un animal **cruel** | une bête **cruelle** |
| un sac **léger** | une valise **légère** |
| un cheval **blanc** | une poule **blanche** |
| un garçon **paresseux** | une fille **paresseuse** |

## Cherche

● **Observe maintenant comment s'écrivent les adjectifs qualificatifs au féminin.**

♦ Pour cela, compare le féminin et le masculin.

● **Complète le tableau :**

| adjectif qualificatif au masculin | adjectif qualificatif au féminin | formation du féminin |
|---|---|---|
| gai | gaie | on ajoute un -*e* |
| cruel | | |
| léger | | |
| blanc | | |
| paresseux | | |

## Faisons le point

Pour écrire le féminin des adjectifs qualificatifs :
- le plus souvent, on ajoute un -*e* à l'adjectif qualificatif masculin (*gai, gaie*) ;
- en plus, la fin de l'adjectif masculin peut aussi changer.

## As-tu bien compris ?

● **Trouve trois adjectifs qualificatifs qui font leur féminin comme chacun de ceux du tableau. Tu peux chercher dans le dictionnaire.**

# 3- *Le pluriel des adjectifs qualificatifs*

Dans les groupes nominaux qui suivent, tu peux remarquer que l'adjectif qualificatif s'accorde en nombre avec le nom.

| groupe nominal singulier | groupe nominal pluriel |
|---|---|
| *un train électrique* | *des trains électriques* |
| *un nouveau film* | *des nouveaux films* |
| *un coup brutal* | *des coups brutaux* |
| *un garçon curieux* | *des garçons curieux* |

● **Observe maintenant comment s'écrivent les adjectifs qualificatifs au pluriel.**

   ◆ Pour cela, compare le singulier et le pluriel.

● **Complète le tableau :**

| adjectif qualificatif au singulier | adjectif qualificatif au pluriel | formation du pluriel |
|---|---|---|
| *électrique* | *électriques* | on ajoute un -*s* |
| *nouveau* | | |
| *brutal* | | |
| *curieux* | | |

## Faisons le point

Pour écrire les adjectifs qualificatifs au pluriel :
- on ajoute un -*s* à l'adjectif singulier (*petit, petits*) ;
- on ajoute un -*x* à l'adjectif singulier quand il se termine par -*eau* (*nouveau, nouveaux*) ;
- on transforme le -*al* de la fin du mot en -*aux* (*brutal, brutaux*).

Les adjectifs qualificatifs qui se terminent par un -*s* ou par un -*x* ne changent pas au pluriel.

## As-tu bien compris ?

● **Trouve si tu peux trois adjectifs qualificatifs qui font leur pluriel comme chacun de ceux du tableau. Tu peux chercher dans le dictionnaire.**

# Tu peux t'exercer

**1** Forme tous les groupes nominaux possibles en accordant chaque fois l'adjectif qualificatif.

une fille      blond
des garçons    fatigué
               beau

**2** Complète les groupes nominaux de droite en utilisant le même adjectif qualificatif que dans la colonne de gauche.

un lilas blanc      une fleur ...
un pantalon neuf    une robe ...
mon cher ami       ma ... amie
un enfant heureux   une enfant ...
un tapis rouge      une couverture ...
un gros melon      une ... courge
un film amusant    une aventure ...

**3** Remplace les noms masculins par des noms féminins et fais les accords.

un homme élégant - un grand fauteuil - un pays chaud - un passage étroit - un lieu public - un ami lointain - un meuble ancien - un plat régional.

**4** Mets les groupes nominaux au pluriel.

un colis postal - un grand homme - une petite armoire - un nouveau bâtiment - un beau monument - un geste amical - une soirée agréable - un visage fin - un caractère heureux - un tableau original.

**5** Place dans le texte les adjectifs qualificatifs qui te sont proposés en désordre (attention aux accords).

Akavak s'assit rapidement et enfila son parka et ses pantalons de fourrure .... Ce voyage ... l'emmenait dans un monde ... et secrètement, il s'en réjouissait. Samatak, sa mère, était une femme ... et .... Sans un mot, elle prit sur l'étagère de séchage, près de son lit, les bas de ... peau de caribou et les bottes ... en peau de phoque.

D'après James HOUSTON, *Akavak*, Castor Poche, Flammarion.

chaude - chaude - douce - sage - immense - neuves - nouveau.

**6** Place dans ce texte les adjectifs qui te sont proposés et fais les accords nécessaires.

Les chiens tiraient tous ensemble. Il les regarda. D'abord le chien de tête, une femelle ... et ... qui s'appelait Nowyak. Puis venait le ... chien, Pasti, ... comme un ours, ... avec de ... épaules et un ... poitrail fait pour tirer les ... chargements.
Derrière eux venaient les trois autres chiens, ... et toujours ....

D'après James HOUSTON, *Akavak*, Castor Poche, Flammarion.

affamé - fort - grand - large - noir - intelligent - jeune - grand - lourd - mince.

# 29 Le futur

## 1- *Parler, écrire au futur*

### TEXTE 1

Aujourd'hui, j'apprends à monter à cheval. Demain, je retournerai au manège et la semaine prochaine, je ferai sûrement une promenade à cheval dans la forêt.

Ce texte est extrait d'une lettre écrite le 4 août 1997.

## Cherche

● **Repère les verbes.**

● **A quel temps est le verbe de la première phrase. Pourquoi ?**

● **Les verbes de la deuxième phrase sont-ils au même temps ?**

◆ S'agit-il du même moment ? De quel moment s'agit-il ?
◆ Comment peux-tu le savoir ?

### Faisons le point

Le temps des verbes est le **futur** lorsqu'on parle de ce qui doit se passer après le moment où l'on parle, dans le futur.

## As-tu bien compris ?

● **Dans le texte suivant, repère les verbes au futur :**

### TEXTE 2

Je suis petit parce que je suis un enfant. Je serai grand quand je serai aussi vieux que mon père.
Je m'habillerai seul et j'irai à la foire.

Rabindranath TAGORE, La Jeune Lune, trad. S. Moore, © éditions Gallimard.

132

# 2- *Les terminaisons du futur*

Dans le texte 2, tu as rencontré des verbes au futur :
*je serai, je m'habillerai, j'irai.*

## Cherche

● **A quelle personne sont ces trois verbes ?**

● **Quel est leur infinitif ?**
  **Appartiennent-ils au même groupe ?**

● **Observe leur terminaison. Que remarques-tu ?**

## Faisons le point

Au futur tous les verbes ont les mêmes terminaisons.

| 1<sup>er</sup> groupe | 2<sup>e</sup> groupe |
|---|---|
| DONNER | GRANDIR |
| je donnerai | je grandirai |
| tu donneras | tu grandiras |
| il, elle donnera | il, elle grandira |
| nous donnerons | nous grandirons |
| vous donnerez | vous grandirez |
| ils, elles donneront | ils, elles grandiront |

# 3- Conjuguer le futur

## Cherche

● **Compare à chaque personne le futur du verbe** *donner*
**et le futur du verbe** *grandir.*

   ◆ Souligne les terminaisons du futur pour chacun de ces verbes :
   tu peux vérifier que ces terminaisons sont les mêmes.

● **Tous les verbes du premier groupe se conjuguent
comme** *donner* **; tous les verbes du deuxième groupe
se conjuguent comme** *grandir* **; compare l'infinitif
de ces verbes aux formes du futur : que remarques-tu ?**

### Faisons le point

Le futur des verbes du premier et du deuxième groupe se
forme à partir de l'infinitif : *je **donner**ai, je **grandir**ai.*

## As-tu bien compris ?

● **Conjugue les verbes suivants à la première personne du
singulier et à la deuxième personne du pluriel du futur :**
*danser ; pleurer ; gratter ; grimper ; rougir ; pâlir ; aimer ;
frémir ; bâtir ; jouer.*

## Cherche encore

Voici la conjugaison du futur des verbes du troisième groupe que tu connais :

| faire | voir |
|---|---|
| je ferai | je verrai |
| tu feras | tu verras |
| on fera | il, elle verra |
| nous ferons | nous verrons |
| vous ferez | vous verrez |
| ils, elles feront | ils, elles verront |

● **Repère leurs terminaisons.**

● **Fais-tu les mêmes remarques pour la conjugaison du futur des verbes suivants ?**

| aller | avoir | être |
|---|---|---|
| j'irai | j'aurai | je serai |
| tu iras | tu auras | tu seras |
| il, elle, on ira | il, elle, on aura | il, elle, on sera |
| nous irons | nous aurons | nous serons |
| vous irez | vous aurez | vous serez |
| ils, elles iront | ils, elles auront | ils, elles seront |

## Attention

Compare la première et la troisième personne du pluriel du futur de tous les verbes : que remarques-tu ?
Et que remarques-tu si tu dis à haute voix ces deux personnes ?

### Faisons le point

Le futur des verbes qui ne sont ni du premier ni du deuxième groupe ne se forme généralement pas à partir de l'infinitif.

Au futur, tous les verbes ont les mêmes terminaisons et le radical est le même à toutes les personnes.

## As-tu bien compris ?

● **Conjugue au futur, à la deuxième personne du singulier, à la première et à la deuxième personne du pluriel les verbes suivants :**
*aller ; grimper ; faire ; rougir ; voir ; avoir ; être.*

# Tu peux t'exercer

**1** Repère les verbes au futur dans le texte suivant.

Glenda surgit à son portail et dit : « Je suis allée voir ma nouvelle école. Tu n'imagines pas comme elle est petite. C'est là-bas que j'irai à la rentrée. »
- « Je te parie qu'ils vont la fermer, à peine y seras-tu rentrée », dit Louise.
- « Ah, et pourquoi ça, je te prie ?
- Les petites écoles, il les ferment toutes. Je te parie qu'ils fermeront la tienne. Je te parie qu'il faudra que tu ailles dans une autre école. Et tu prendras un bus ! »

D'après Jan MARK, *La Boîte aux lettres secrète*, Castor Poche, Flammarion.

**2** Mets les phrases suivantes au futur.

1. Quand le printemps arrive, nous allons à la campagne.
2. Nous faisons de belles promenades.
3. Tu vois comme cet arbre grandit dans la serre.
4. Elle est toujours en retard !

**3** Récris les phrases en employant le pronom qui est entre parenthèses.

1. Nous verrons demain. (Vous)
2. Tu finiras tout à l'heure. (Elle)
3. Demain, ils iront au cinéma. (Je)
4. Je ne serai pas surprise quand ils arriveront. (Nous ; tu)
5. Ils applaudiront bien fort. (Il)

**4** Voici la recette de la tarte aux abricots :
écris la même recette en mettant les verbes au futur, d'abord à la 2e personne du singulier, puis à la deuxième personne du pluriel.

Choisir de beaux abricots. Mélanger la farine et le beurre. Pétrir le mélange. Aplatir la pâte dans un moule à tarte. Garnir cette pâte d'abricots coupés en deux. Laisser cuire au four une demi-heure.

**5** Mets le texte suivant au futur.

Nous passons nos vacances à Saint-Nicolas. Nous marchons beaucoup, nous faisons de grandes courses en montagne. Nous allons au pied des glaciers et nous observons les animaux. Nous regardons avec les jumelles et nous voyons très nettement les chamois qui broutent l'herbe d'été. Sûrement, tu aimes bien cet endroit.

## ET MAINTENANT, ÉCRIS

**6** Tu peux relire le texte 2. A ton tour d'imaginer une suite pour ce début de texte.

Je suis petit parce que je suis un enfant. Je serai grand quand je serai aussi vieux que mon père.

# 30 Dire de faire, l'impératif

## 1- Dire de faire

### TEXTE 1

A l'enterrement d'une feuille morte
Deux escargots s'en vont
[...]
Ils s'en vont dans le soir
Un très beau soir d'automne
Hélas quand ils arrivent
C'est déjà le printemps
Les feuilles qui étaient mortes
Sont toutes ressuscitées
Et les deux escargots
Sont très désappointés
Mais voilà le soleil
Le soleil qui leur dit
Prenez prenez la peine
La peine de vous asseoir
Prenez un verre de bière
Si le cœur vous en dit
Prenez si ça vous plaît
L'autocar pour Paris
[...]
Mais ne prenez pas le deuil
C'est moi qui vous le dit
Ça noircit le blanc de l'œil
Et puis ça enlaidit [...]
Reprenez vos couleurs
Les couleurs de la vie [...]

Jacques PRÉVERT, fragment de la
*Chanson des escargots
qui vont à l'enterrement,* in *Paroles,*
© éditions Gallimard.

## Cherche

● **Lis ce texte : de quoi s'agit-il ?**

● **Qui parle dans ce texte ?**

◆ A qui s'adresse-t-il ?
◆ Que veut-il ?

● **Dans le texte, relève toutes les phrases dans lesquelles le soleil donne un ordre et souligne le verbe de ces phrases.**

### Faisons le point

Les phrases qui servent à donner des ordres sont des **phrases impératives**.

Dans ces phrases, le verbe est à l'**impératif**.

## As-tu bien compris ?

● **Dans le texte suivant, souligne les phrases impératives :**

Loup Sage prit la parole : « Calme-toi, Loup Curieux, et décris-nous plutôt ces nouveaux voisins. »
« J'en ai rencontré deux : Daim Têtu et Daim Rapide. Ils sont plus grands que nous, ont le poil ras, et portent des cornes sur la tête. »
Loup Gourmand se lécha les babines. « Ils sont sûrement bons à manger ! » grogna-t-il. Loup Sage lui fit les gros yeux : « Soyons, prudents ! Ils paraissent doux et paisibles, mais méfions-nous... Organisons une fête et invitons-les pour mieux les connaître. »

D'après Claude-Catherine RAGACHE et Yves BEAUJARD,
*Les Grands Gentils-Loups*, coll. Mes premières légendes,
éditions Hachette.

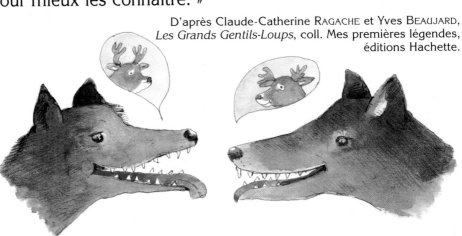

# 2- La phrase impérative

Comment réaliser ton petit carnet de blagues

1. Découpe les pages en suivant les pointillés.
2. Pose ces pages les unes sur les autres en suivant le dessin.
3. Plie toutes les pages en deux.
4. Agrafe-les.

Voici quatre phrases qui disent comment fabriquer un carnet. Tu sais maintenant que ce sont des phrases impératives.

## Cherche

● **Souligne le verbe de chaque phrase.**

◆ Cherche le sujet. Que remarques-tu ?

**Faisons le point**

Dans une phrase impérative, il n'y a pas de sujet.

## Cherche encore

● **Relis le texte 2. Pourquoi est-il écrit ?**

● **A combien de personnes s'adresse-t-il ? Comment peux-tu le savoir ?**

Dans ce texte, les verbes sont à la **2ᵉ personne du singulier de l'impératif**.

● **Que serait le texte si on lui donnait comme titre :**

- Comment réaliser **votre** petit carnet de blagues.
- Comment réaliser **notre** petit carnet de blagues.

◆ Trouve ce qui change chaque fois.

**Faisons le point**

Dans une phrase impérative, le verbe peut être seulement :
- à la 2ᵉ personne du singulier ;
- à la 1ʳᵉ et à la 2ᵉ personne du pluriel.

# 3- *Conjuguer les verbes à l'impératif*

## LES VERBES DU 1ᵉʳ GROUPE

**PHRASE 1 -** Tu donnes du pain aux canards.

## *Cherche*

Tu sais que la phrase 1 est une phrase déclarative.

● **Repère le verbe de cette phrase.**

◆ A quelle personne est-il ? à quel temps ?
◆ Quel est son infinitif ? A quel groupe appartient-il ?

● **Oralement, transforme cette phrase en phrase impérative : que remarques-tu ?**

◆ Quelle différence entends-tu entre les deux phrases ?

● **Observe maintenant la phrase impérative écrite :**

**PHRASE 2 -** Donne du pain aux canards.

◆ Que remarques-tu ?
◆ Complète le tableau ci-dessous :

| | | verbe *donner* 1ᵉʳ groupe | | |
|---|---|---|---|---|
| | | présent | impératif | différences |
| **singulier** | 1ʳᵉ personne | *je donne* | | pas d'impératif |
| | 2ᵉ personne | *tu donnes* | *donne* | |
| | 3ᵉ personne | *il, elle donne* | | pas d'impératif |
| **pluriel** | 1ʳᵉ personne | *nous donnons* | *donnons* | |
| | 2ᵉ personne | *vous donnez* | *donnez* | |
| | 3ᵉ personne | *ils, elles donnent* | | pas d'impératif |

# LES VERBES DU 2ᵉ GROUPE

Maman dit à Sophie : « *Avant d'aller jouer, finis ta tartine.* »

Que dirait-elle si elle s'adressait à Sophie et à son amie Lucile ?

- « *Avant d'aller jouer, ....* vos *tartines.* »

Sophie et Lucile sont d'accord : que disent-elles ?

- « *Avant d'aller jouer, ...* nos *tartines.* »

◆ Complète le tableau :

| | | verbe *finir*   2ᵉ groupe | | |
|---|---|---|---|---|
| | | présent | impératif | différences |
| **singulier** | 1ʳᵉ personne | *je finis* | | pas d'impératif |
| | 2ᵉ personne | *tu finis* | *finis* | |
| | 3ᵉ personne | *il, elle finit* | | pas d'impératif |
| **pluriel** | 1ʳᵉ personne | *nous finissons* | … | |
| | 2ᵉ personne | *vous finissez* | … | |
| | 3ᵉ personne | *ils, elles finissent* | | pas d'impératif |

◆ Compare les trois personnes de l'impératif aux trois personnes du présent correspondantes : que remarques-tu ?

# LES VERBES DU 3ᵉ GROUPE ET LE VERBE ALLER

| | | **faire** | | **voir** | | **aller** | |
|---|---|---|---|---|---|---|---|
| | | présent | impératif | présent | impératif | présent | impératif |
| **singulier** | 2ᵉ pers. | *tu fais* | *fais* | *tu vois* | *vois* | *tu* **vas** | **va** |
| **pluriel** | 1ʳᵉ pers. | *nous faisons* | *faisons* | *nous voyons* | *voyons* | *nous allons* | *allons* |
| | 2ᵉ pers. | *vous faites* | *faites* | *vous voyez* | *voyez* | *vous allez* | *allez* |

◆ Pour chaque verbe, compare chaque personne de l'impératif à la personne du présent qui lui correspond : que remarques-tu ?

# LE VERBE ÊTRE ET LE VERBE AVOIR

| | | **être** | | **avoir** | |
|---|---|---|---|---|---|
| | | présent | impératif | présent | impératif |
| **singulier** | 2ᵉ pers. | *tu es* | *sois* | *tu as* | *aie* |
| **pluriel** | 1ʳᵉ pers. | *nous sommes* | *soyons* | *nous avons* | *ayons* |
| | 2ᵉ pers. | *vous êtes* | *soyez* | *vous avez* | *ayez* |

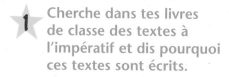

# Tu peux t'exercer

**1** Cherche dans tes livres de classe des textes à l'impératif et dis pourquoi ces textes sont écrits.

**2** Dis la même chose en utilisant des phrases impératives.

1. Il faut que tu regardes par la fenêtre.
2. Vous ne devez pas marcher sur l'herbe.
3. Il faut que nous allions à la plage.
4. Nous devons voir d'abord où nous irons demain.
5. Tu dois ralentir avant de tourner à gauche.
6. Nous devons être prêts à huit heures.

**3** Mets les phrases suivantes à l'impératif sans changer de personne.

1. Tu chantes fort.
2. Nous faisons un petit effort.
3. Vous avez vos maillots avec vous.
4. Tu finis ton livre et tu vas dormir.
5. Vous êtes heureux.

**4** Voici ce qu'il faut faire pour préparer un bon sandwich :

Aller chercher une baguette de pain.
Couper en deux un morceau de la baguette.
Faire légèrement griller les deux morceaux au grille-pain.
Beurrer une moitié, poser sur l'autre une tranche de jambon.
Ajouter quelques lamelles de cornichons, des rondelles de tomates.
Ne pas avoir peur d'ajouter un peu de moutarde.

Écris la même recette à l'impératif en t'adressant d'abord à une personne, puis à plusieurs personnes.

## ET MAINTENANT, ÉCRIS

**5** Connais-tu l'histoire du loup, de la chèvre et du chou ?

Il était une fois un homme qui faisait traverser une rivière dans sa barque aux voyageurs qui se présentaient.
Un jour, il eut à faire passer un loup, une chèvre et un chou. Mais sa barque était si petite qu'il ne pouvait en prendre qu'un seul à la fois.
Or, s'il faisait passer le loup, la chèvre mangeait le chou et s'il faisait passer le chou, le loup mangeait la chèvre... Comment faire ?

Trouve la solution, et donne-la en utilisant l'impératif.

# Tableau de conjugaison

| INFINITIF | PRÉSENT | FUTUR | IMPARFAIT | PASSÉ COMPOSÉ | PARTICIPE PASSÉ | IMPÉRATIF |
|---|---|---|---|---|---|---|
| **VERBES DU 1er GROUPE**<br>DANSER | je danse<br>tu danses<br>il danse<br>nous dansons<br>vous dansez<br>ils dansent | je danserai<br>tu danseras<br>il dansera<br>nous danserons<br>vous danserez<br>ils danseront | je dansais<br>tu dansais<br>il dansait<br>nous dansions<br>vous dansiez<br>ils dansaient | j'ai dansé<br>tu as dansé<br>il a dansé<br>nous avons dansé<br>vous avez dansé<br>ils ont dansé | dansé | danse<br><br>dansons<br>dansez |
| **VERBES DU 2e GROUPE**<br>GRANDIR | je grandis<br>tu grandis<br>il grandit<br>nous grandissons<br>vous grandissez<br>ils grandissent | je grandirai<br>tu grandiras<br>il grandira<br>nous grandirons<br>vous grandirez<br>ils grandiront | je grandissais<br>tu grandissais<br>il grandissait<br>nous grandissions<br>vous grandissiez<br>ils grandissaient | j'ai grandi<br>tu as grandi<br>il a grandi<br>nous avons grandi<br>vous avez grandi<br>ils ont grandi | grandi | grandis<br><br>grandissons<br>grandissez |
| **VERBES DU 3e GROUPE**<br>FAIRE | je fais<br>tu fais<br>il fait<br>nous faisons<br>vous faites<br>ils font | je ferai<br>tu feras<br>il fera<br>nous ferons<br>vous ferez<br>ils feront | je faisais<br>tu faisais<br>il faisait<br>nous faisions<br>vous faisiez<br>ils faisaient | j'ai fait<br>tu as fait<br>il a fait<br>nous avons fait<br>vous avez fait<br>ils ont fait | fait | fais<br><br>faisons<br>faites |
| VOIR | je vois<br>tu vois<br>il voit<br>nous voyons<br>vous voyez<br>ils voient | je verrai<br>tu verras<br>il verra<br>nous verrons<br>vous verrez<br>ils verront | je voyais<br>tu voyais<br>il voyait<br>nous voyions<br>vous voyiez<br>ils voyaient | j'ai vu<br>tu as vu<br>il a vu<br>nous avons vu<br>vous avez vu<br>ils ont vu | vu | vois<br><br>voyons<br>voyez |

# Tableau de conjugaison

| INFINITIF | PRÉSENT | FUTUR | IMPARFAIT | PASSÉ COMPOSÉ | PARTICIPE PASSÉ | IMPÉRATIF |
|---|---|---|---|---|---|---|
| ALLER | je vais<br>tu vas<br>il va<br>nous allons<br>vous allez<br>ils vont | j'irai<br>tu iras<br>il ira<br>nous irons<br>vous irez<br>ils iront | j'allais<br>tu allais<br>il allait<br>nous allions<br>vous alliez<br>ils allaient | je suis allé<br>tu es allé<br>il est allé<br>nous sommes allés<br>vous êtes allés<br>ils sont allés | allé | va<br><br>allons<br>allez |
| ÊTRE | je suis<br>tu es<br>il est<br>nous sommes<br>vous êtes<br>ils sont | je serai<br>tu seras<br>il sera<br>nous serons<br>vous serez<br>ils seront | j'étais<br>tu étais<br>il était<br>nous étions<br>vous étiez<br>ils étaient | j'ai été<br>tu as été<br>il a été<br>nous avons été<br>vous avez été<br>ils ont été | été | sois<br><br>soyons<br>soyez |
| AVOIR | j'ai<br>tu as<br>il a<br>nous avons<br>vous avez<br>ils ont | j'aurai<br>tu auras<br>il aura<br>nous aurons<br>vous aurez<br>ils auront | j'avais<br>tu avais<br>il avait<br>nous avions<br>vous aviez<br>ils avaient. | j'ai eu<br>tu as eu<br>il a eu<br>nous avons eu<br>vous avez eu<br>ils ont eu | eu | aie<br><br>ayons<br>ayez |

Achevé d'imprimer en Espagne par ARTES GRAFICAS, Toledo

Dépôt légal : mars 1998. Nº d'édition : 883